读懂世界的
第一本经济学书

梁小民◎著

北京联合出版公司
Beijing United Publishing Co.,Ltd.

目 录
Contents

经济向钱看 _1

GDP 不是万能的 _4

未来不是预测出来的 _7

别把模型当个宝 _10

死亡和税收确定无疑 _13

大危机的货币因素 _16

利率是影响经济的纽带 _19

利率成了牛鼻子 _22

汇率让你喝到免费啤酒 _25

蒙代尔作秀的资本 _28

格林斯潘的皮包 _31

另类的货币政策 _34

央行需要独立 _37

费尔普斯获奖了 _40

内需不足，企业有责 _43

市场化扶贫 _46

创新从制度开始 _49

走在政策变动之前 _53

皮洛斯的胜利 _56

克鲁格曼的预言 _62

卢卡斯的辉煌与尴尬 _65

经济走在钢丝上 _68

莫让病人吃错药 _71

海水之中有湖水 _74

经济不玩过山车 _77

背着抱着一样沉 _80

餐桌上的曲线 _83

宏观调控不是筐 _86

公债哲学的是是非非 _89

赤字财政不是万能药 _92

预期不是占卜 _95

GDP 与全球一体化 _98

模型比推理更管用 _101

从投入增长到技术进步 _104

世界末日不是危言耸听 _107

官商结合新解 _110

共同富裕不靠劫富济贫 _112

渐进式改革不是让步、妥协 _115

技术进步，制度在先 _118

站在利益集团之上 _121

血汗工厂，责在政府 _124

企业不是惯出来的 _127

善人种出恶果 _130

资本创造历史 _133

中国的世界工厂之路 _136

穷国穷在制度上 _139

减税减得有学问 _142

货币量与通货紧缩 _145

战争时期的货币武器 _148

经济转型中的通货膨胀 _151

反通货膨胀的功与过 _154

大萧条的经验与教训 _157

减税如何刺激经济 _160

不要踩在美联储的头上 _163

格林斯潘的经济魔术 _166

凯恩斯主义的全盛时代 _169

政策运用的经济前提 _172

调节经济的艺术 _175

拿起经济学之剑 _178

假设、理论与现实 _180

法国包税制的教训 _183

圈地运动的历史功绩 _186

市场营销与市场结构 _189

欧佩克不再风光 _192

哈韦路假设的破产 _195

工业化道路上的体制混乱 _198

重税之下无发展 _202

迎接东南亚经济一体化 _205

让 GDP 变轻 _207

政府该管什么价格 _209

引导公众进行正确预期 _211

学会应对随机冲击 _213

经济学也讲道德 _215

经济学不能陷入道德误区 _218

把经济学拉下神坛 _221

经济学家不能治国 _224

经济向钱看

- - - - - - - - - -

市场经济改革之初，有学者提出，市场经济就是"向钱看"的经济，只有"向钱看"，才能"向前看"。

应该承认，这种简单化的说法对打破传统思想的束缚还是有积极意义的。中国传统文化宣扬"重义轻利"，似乎只有为什么主义或理念奋斗才崇高，一谈到钱或利就俗不可耐了。所以，尽管钱作为一般等价物可以交换到各种享受，人人内心里都爱之甚深，但却要装出一副"疾钱如仇"的样子。文雅点的把钱称为"阿堵物"，直白点的把钱称为"铜臭"。说的和做的完全是两回事，这就是传统文化道德的伪。计划经济下，我们也是重精神、轻物质。钱似乎成了万恶之源，谁要强调一下与钱相关的物质激励，就被指责为金钱挂帅、修正主义。

对钱的这种错误认识使社会不能建立一种有效的激励机制，资源配置失误，生产效率低下。人人都不敢说钱，人人都没有钱。说起来是社会平等，实际上是共同贫穷。历史上的任何一次改革，都是从讲"钱"、调整经济利益关系（就是钱的关系）开始的。商鞅变法、贾探春掌管荣国府、赫鲁晓夫在20世纪60年代的试探性改革，以及中国最早的包产到户，莫不如此。著名经济学家孙冶方就把利润（金钱）作为企业提高效率的"牛鼻子"。对金钱的态度往往成为保守与改革的分水岭。正是从这种意义上说，这位学者在改革之初强调人们敢于"向钱看"，是进步的、有意义的。把市场化经济改革简化为"向钱看"固然片面了一点，但当年这种矫枉过正的说法还是有震撼意义的。矫枉必过正，正是这样吧。

但是，矫枉过正的极端说法毕竟不是科学的观点。一次思想解放运动可以从一个极端的口号开始，但如果不回归到科学的态度，则会随风而过，甚至产生破坏作用。在市场经济的今天，我们有必要来以科学的态度重新审视"向钱看"这个口号。

市场经济当然要讲"钱"。对社会来说，"钱"或者国内生产总值（GDP）是经济状况的最重要指标。对企业来说，"钱"或者利润是经营好坏的最重要指标。对个人来说，"钱"或者收入是成功与否的最重要指标。"钱"作为可衡量的物质利益或财富，能推动社会进步。"钱"并不低俗，也没有什么罪过。

然而，"钱"并不是市场经济的一切。从本质上说，自由是社会发展的终极目标。诺贝尔奖获得者阿马蒂亚·森的"以自由看待发展"概括了市场经济的实质。市场经济要使整个社会福利不断提高，或者说使每个人的物质与精神享受增加。"钱"是实现这个目标的手段或基础，但并不是这个目标本身。把"钱"作为市场经济的中心和全部，往往会引起不合意的结果。一个社会把GDP作为唯一目标会引起资源过度消耗、环境污染、收入分配不平加剧等问题。结果GDP增加了，"钱"多了，人民未见其幸福。一个企业不惜一切手段追求利润，甚至突破了法律和道德底线，在某一时期内会得到大量"钱"，但绝不可能基业常青。一个人只知道赚钱，"钱"再多也谈不上"幸福"二字。完全用"钱"去引导一切，这个市场经济就会脱离它的终极目标、脱离正常发展的轨道。其结果必然是一场社会灾难。"向钱看"是一把双刃剑。它可以推动社会前进，也可以摧毁一个社会。

市场经济并不完全等同于"向钱看"的经济。市场经济讲"钱"有三个重要前提。一是立法。市场经济是一种法治经济，用法律来维护社会秩序。赚钱是正当行为，但如果用违法手段去赚钱，如走私、贩毒、侵权、造假，就不是我们提倡的正常的"向钱看"。二是道德。市场经济不仅讲

"钱"，还讲一切美好的东西，如对社会的责任、对其他人的同情、没有金钱利益的见义勇为、人与人之间纯洁的友情，等等。为金钱而抛弃一切，为金钱而突破道德底线，绝不是我们所要追求的市场经济。三是公平竞争。在公平的竞争环境下，把"钱"（利润或收入）作为一种引导，才会有个人利益与社会利益的一致。因为竞争是效率的来源。如果存在垄断，垄断者"向钱看"，看到的只有它自己的"钱"，而无助于效率提高。不讲这些前提，简单地把市场经济等同于"向钱看"，其不利于社会进步的那一面刃就要危害社会。

中国是一个"口号化"的国家。"口号化"的特点就是把那些本身并不错的思想简单化、庸俗化，从而引起很坏的结果。强调市场经济要"向钱看"并不算错，但成为一个简单的口号，忽略了它本身许多至关重要的内涵时，就产生了许多倡导者意想不到的结果。社会"向钱看"，就有唯GDP论；企业"向钱看"，就有伪劣产品；个人"向钱看"，就有种种诈骗事件；甚至医生、教师也"向钱看"，就有收红包、乱收费了。"向钱看"到了这个地步，就糟蹋市场化的名声了。

"口号"害人，"口号"误国，现在是该清理一下包括"向钱看"在内的"口号"的时候了。

GDP 不是万能的

有一阵子，人们对 GDP 爱得要命，唯 GDP 论英雄，为追求 GDP 增长而舍弃一切。这阵 GDP 热过去之后，人们发现，在 GDP 高速增长的同时，收入分配差距扩大了、环境污染加剧了，于是又开始恨起 GDP 来，倡导不具操作性的绿色 GDP，甚至要取消 GDP。这 GDP 到底怎么了，让人爱来，又让人恨？

其实 GDP 仅仅是衡量一国整体经济状况的一个数字指标，爱与恨都大可不必。在现代社会中，每个人和企业都要根据整体经济状况做自己的决策，政府要根据宏观经济运行势态制定政策。这就需要一个具体的指标来反映整体经济运行状况。而且，这种指标必须具体、明确，让人一看就懂。于是经济学家建立了国民收入核算体系，创造了 GDP 这个指标。自从 20 世纪 30 年代美国经济学家库兹涅茨建立这个体系以来，GDP 这个指标一直在使用和改进中。应该说，GDP 是能基本反映一国整体经济运行状况与历史趋势的。到现在为止，还没有一个人能提出为公众接受的另一种指标体系来替代 GDP，也没有一个国家不使用 GDP 这个指标，或有放弃 GDP 统计的计划。人人都用这个指标，我们有什么理由放弃？

经济发展的基本目的是提高所有人的福利。无论从历史还是现实来看，或者从世界各国来看，GDP 增长与人民福利的增长是同方向变动的。GDP 表示一个国家的经济总量。这代表一国的经济实力和财富，是人民福利增加的基础。没有 GDP 的增长，绝不可能有福利增加。追求 GDP 是各国政府的共同目标，何罪之有？

当然，还应该强调的是，GDP 并不是衡量一国经济和人民福利的完善指标。首先，GDP 的统计并不是准确的，难免有重复计算或遗漏。GDP 是计算物品与劳务的市场价值，不进入市场交易的物品与劳务就无法计算进去。例如，毒品、娼妓等非法交易；虽然合法但为逃税而产生的地下经济及相应的灰色收入；自我服务的家务劳动或自给自足的物品生产，等等。法治越不完善，市场化程度越低，GDP 遗漏的就越多。据经济学家统计，就全世界而言，这一部分占 GDP 的 2%～7%。而且，经济越不发达，这一部分越大。

其次，GDP 没有反映出为增加 GDP 而付出的代价。例如，在 GDP 增长的同时环境恶化了，自然生态破坏严重，资源枯竭。这种代价无法算入 GDP 中，但对人民福利有负面影响。再如，当把更多资源用于军备时，GDP 也会增加，但 GDP 反映不出用于提高人民福利的物品与劳务的减少。正基于这个原因，经济学家早就区分了反映生产水平的 GDP 和反映人民福利的净经济福利（NEW）指标。

最后，GDP 是总量指标，不能反映收入分配状况。在经济发展的某一阶段，随着 GDP 增长，会出现收入分配差距扩大的现象。这时，GDP 增加反而会引起人民福利的下降。GDP 也好，人均 GDP 也好，都无法反映收入分配状况，从而出现"富裕中的贫困"这种不正常现象。

由于这些原因，各国都不把 GDP 作为衡量一国经济状况的唯一指标。在衡量经济与福利状况时还有物价指数、失业率、贸易总量、人均收入、环境污染指数、基尼系数等指标。同时，由于各国市场化程度不同、汇率不同，也很难仅仅用 GDP 来比较各国的经济与福利水平。

许多经济学家认识到 GDP 这个指标所存在的各种问题，也在努力地完善国民收入核算体系和 GDP 指标。但仍然是理论上的分析多，实际的可操作性小。例如，20 世纪 70 年代，美国经济学家萨缪尔森就提出了净经济福利这个指标，但至今仍没有一套可以操作的计算方法，至今未被各国和联合国统计当局采用。至于绿色 GDP 云云与净经济福利指标也并没有什么根本差别。在没有更好的、可替代 GDP 的指标出现之前，我们还不得不用 GDP。无论你爱 GDP 也好，恨 GDP 也好，使用 GDP 都是一种无可奈何的选择。

对我们国家来说，不是要不要用 GDP 指标的问题，更不是用绿色 GDP 来代替 GDP，而是要完善 GDP 统计工作。从以往经济普查之后中国 GDP 数字较大幅度的调整来看，GDP 的统计工作还有缺陷。总体上是低估了，但不同省份有的遗漏较多，有的还有"注水"。这就要严肃统计工作立法，更全面、准确地收集统计资料，并运用更先进的统计技术手段，使 GDP 更真实、更准确。GDP 越接近于真实，经济政策的失误就越少。

这些年来，中国 GDP 的增长率相当高，但由于底子薄、人口多，GDP 总量和人均 GDP 都不高。因此，追求 GDP 增长、保持较高的 GDP 增长率，仍然是重要的。GDP 不是万能的，但没有 GDP 却是万万不能的。和谐社会的建立，GDP 增长还是基础。我们要纠正的是唯 GDP 的那个"唯"字。这就是说，我们在追求 GDP 的同时，要注意保护环境、节约资源，并逐步缩小收入分配差距、提高社会保障水平。

如果把唯 GDP 作为"右"，把放弃 GDP 指标作为"左"，在 GDP 问题上就要既反"左"又防"右"，走一条中间路线。

未来不是预测出来的

英国经济学家凯恩斯在他的《通论》中集中分析了短期宏观经济。当有人问他为什么不分析长期问题时,他回答了一句:长期中我们都要死。

人类社会经济生活中充满了不确定性和风险。时间越长,这种不确定性越多,无法预测的突发随机事件也越多。因此,在经济学家所做的许多长期预测中,正确者极少。

"二战"之前,汉森等一些美国著名经济学家提出了"长期停滞论"。他们预言,战争结束后军备开支急剧减少,总需求会严重不足。因此,在从战时经济转向和平经济时,经济会出现一个相当时期的低迷,甚至停滞。从理论上看,这种预测没有问题。但结果,这种长期停滞并没有出现,战后整体经济是繁荣的,即使在战争刚结束的一段时间,经济也没有出现他们预言的严重衰退。这是因为他们当时没有预料到战后的两个重大变化。一是国家干预经济,用政府公共工程支出来代替军备支出,总需求不仅没有减少,还有所增加。20世纪50年代,艾森豪威尔当权时实行的高速公路计划就强劲地拉动了经济。二是"二战"结束并不是战争消亡,军备支出减少。局部战争(如朝鲜战争、越南战争)一直没有停止。而且,冷战引起的军备竞赛愈演愈烈。

长期停滞论者当时没有也不可能预料到以后世界的这些变化,预测当然落空了。

长期停滞论是根据经济理论从逻辑上推导出来的，依据并不充分。如果运用先进的计算机技术和大量翔实的数据，预测的结果会如何呢？

20世纪60年代后期，面对资源短缺和环境污染严重，不少人对人类未来的前途忧心忡忡。1968年，意大利菲亚特董事长邀请西方国家的科学家、经济学家等各界学者讨论人类的未来，这就是著名的罗马俱乐部。罗马俱乐部委托计算机专家麦多斯对人类未来进行预测。这种预测结论就是1972年出版的《增长的极限》。麦多斯把人口增长、粮食供给、资本投资、环境污染和能源消耗作为制约人类未来增长的五大因素，建立了一个反映这些因素与增长之间关系的反馈环路以及相关模型，并代入各种实际数据进行运算。结论是如果照现在的方式增长下去，人类将在2100年之前崩溃。唯一的出路是在1975年停止人口增长，1980年停止工业资本增长。但从这些年来看，人类并没有停止人口与工业资本增长，也没有人类崩溃的预兆。这种对人类未来的悲观预测被称为"带计算机的马尔萨斯"。如今人们都很少谈起这种预测了，因为模型没有考虑到以后发生的许多事件，尤其是各国政策变化与技术进步。

让我想起这些失败的长期预期的是一份《中国现代化报告2006》。这份报告预期，到2050年，中国人的最低工资按2002年价格要达到1300美元，信息化率达80%，出国旅游率达50%，汽车普及率达50%，等等。看了这份报告，未来真的很好，但网民的评论是"画明天的饼，充今天的饥"。

写这份报告的研究小组似乎就是以"画明天的饼"为己任。他们的同类报告甚至预言了哪一个城市将在哪一年进入现代化。学者对此的反应也是批评者居多。

这些专家学者耗费了大量人力、财力运用先进技术所做出的预测为什么被人们嘲笑？他们预测的是几十年以后的事，但这几十年间的变数太多了。退回过去，谁敢想象中国会走市场经济之路？谁能想到"非典"的流行？想想过去发生了多少不可预测的突发事件？而这些事件对经济的未来都有不可忽视的影响。谁又能想象出未来还会发生什么事件，这些事件对中国未来的走势又会有什么影响？世界上没有什么不可能发生的事情，一切都在出人意料地变化。任何一个模型，即使包含了随机变量，也难以对较遥远的未来做出接近实际的预测。

这个报告是根据现有的数据资料预测未来的。这世界是一个变动的世界。我们中国是一个转型国家，不可预期的因素更多。用现在已知的情况去预测未来，颇有点刻舟求剑的传统。这样的结论如何让人相信呢？根据《报告》提供的预测数字，在2050年我们可以达到现在美国的水平；有些指标，如绝对贫困为零，养老、医疗保险覆盖率达百分之百等，还超过了美国。但千万别忘了，现在我们比美国落后100年，用40多年就赶上，甚至超过现在的美国，是不是又有点想跃进了？

绝大多数人并不相信2050年最低月收入可到1300美元，这种预测也并不能鼓励我们的斗志。如果这种研究是个人进行的，他用自己的钱也就罢了。但这个项目是国家资助的，参与者都是领国家的工资、花纳税人的钱。把并不多的研究经费用于这种遥远的未来，不如去研究近一二年中的现实问题，如资源和环境制约对中国经济增长的影响，等等。

中国美好的未来不是预测出来的，是干出来的。画一张明天的饼，不如踏踏实实地做好今天的饼。

别把模型当个宝

偶尔翻一本杂志，看到国内一家颇负盛名的学术机构和香港合作对2005年下半年中国宏观经济走势的预测。据他们的预测，2005年下半年GDP增长将以7月份为拐点，呈现下滑态势。全年平均增速8.6%，消费物价指数持续下降，第三、第四季度为负数。

2005年已经过去了，结果与预测相差甚大，全年的增长率为9.9%，经调整后又为10.2%。整个经济在持续上升，根本没有拐点和下滑的迹象。消费物价指数并不高，但并没有出现负的情况。两家权威的学术机构、一批学富五车的海归学者，为什么对半年内的经济走势做出了如此错误的预测呢？

据报道，这个预测依据了宏观经济计量模型。由于它据称是"建立在科学的基础之上"，得到了国内相当一批学者的支持和认可。所谓"科学的基础"就是用经济计量模型"依靠机器算出来的冷冰冰的数据"。如此科学的工具居然得不出科学的结论，我们不得不问，这种工具到底有多少科学的成分？

经济学家经常用数学工具来研究经济问题。其中运用最广的就是编制经济计量模型来预测未来经济走势，或者检验经济政策的效果。应该说，这是经济学研究方法的重大突破。首创经济计量模型的两位经济学家弗瑞希和丁伯根获得了首届诺贝尔经济学奖，以后获奖的经济学家至少一半以上与经济计量模型相关。国外经济学家运用经济计量模型进行了许多有意义的研究工作。根据这类模型所进行的预测正确的比例也相当大。把经济计量模型作为"科学基础"也并不为过。但为什么这种"科学基础"运用到中国，预测并不长远的经济走势，就不"科学"了呢？

运用经济计量模型要能得到大体上正确的结论，取决于两个前提。一是这个模型所反映的经济变量之间的关系要是正确的；二是代入这个模型中的数据要是大体正确的。如果这两个前提不存在，模型的"科学性"就会变成"不科学"。预测2005年下半年宏观经济走势的模型变得"不科学"，正在于缺少了这两个条件。

经济计量模型是用数学公式来表述所涉及的各种经济变量之间的关系。在不同的国家，经济变量之间的关系差别相当大。现在的各种经济计量模型都是西方经济学家根据自己的国情编制的，并没有普遍的适用性。例如，在市场化程度高的国家，利率变动与投资之间的关系相当密切。用经济学术语说，就是投资的利率弹性大。但在市场化程度低的国家，尤其在政府做出重要投资决策、私人投资并不重要的情况下，利率的变动与投资之间的关系就不密切了，或者说，投资的利率弹性小。如果把表示市场化程度高的国家的利率与投资关系的模型运用到市场化程度低的国家，其科学性就不存在了。经济预测的不正确首先是所运用的模型不正确。中国的市场化时间短，经济学研究总体水平也不高，还没有能正确反映各种经济变量之间关系的经济计量模型，要借用国外的模型就很难符合中国国情，也谈不上是"科学的基础"。

模型不正确，所用的数据再正确也难以得出正确的预测。何况我们的统计数据也存在不同程度的问题。预测中关于消费物价的走势，除了模型本身的问题之外，所用的数据可能有问题。公布的消费物价指数由于所选的商品以及各种商品的权重数，往往低估了实际通货膨胀，与人们的感觉不一致。人们感到物价上升较快的房价、教育、医疗、劳务等项目，或者没有包括在计算消费物价指数的商品中，或者权重数太低，或者所计算的价格与消费者的支出不同（医生红包与教育乱收费不可能计入）。统计局也承认这些问题的存在，并在逐步进行调整。不对这些消费物价进行调整，就作为预测未来物价走势的依据，科学的模型就得出了错误的结论。

经济预测对政府、企业和个人做出决策都十分重要。好在政府并没有依据这种貌似科学、实际错误的预测。根据这种预测应该采用松的政策，如降息或增加货币投放，等等。如果这样，经济岂不更热？政府对宏观经济走势有清醒的认识，继续加强宏观经济调控，现在看来是正确的。

运用"科学的模型"预测却得出了错误的结论，这告诉我们，不能把西方经济学的理论和方法照搬到中国。西方经济理论是建立在发达市场经济基础之上的，我们的经济还不是一个完全的市场经济。我们应该吸取、借鉴这种经济理论中对我们适用的内容，如加强产权保护、完善市场调节机制、实现政府职能转变，等等。但绝不能把它们现成的模型拿过来就用。我们研究中国经济问题，出发点不应该是这些引进的现成理论与模型，而是中国的现实。不从实际出发，任何貌似科学的东西都会变为不科学的或者荒谬的东西。

一些学院派经济学家会迷恋模型。其实模型的运用是有条件的。在现实中，比模型更重要的是对现实的认识和感悟。有时直觉比模型更重要。记住这一点，经济学家才会对中国经济发展做出自己的贡献。

死亡和税收确定无疑

中国的税制正在不断调整之中。2005年年底所得税扣除标准上调，从4月1日开始实施的消费税税目和税率调整都属于这种情况。但无论是媒体还是公众，对税收的目的和影响都有不同程度的误解。

自从有了国家、有了政府，就有了税收。作为统治社会的机构，政府总会有必要或不必要的活动，总要提供或多或少的社会服务。这些事都需要钱。政府并不是生产单位，不能创造财富，这些钱只能来自向公民强制征收的税费。作为个人或企业，无论愿意不愿意，纳税是一项不可逃避的义务。早在1789年，美国开国元勋富兰克林就说："在这个世界上，除了死亡和税收，没有什么事情是确定无疑的。"

由此来看，税收的目的就是为政府的各种支出筹集资金，或者说是以最低的税收征收成本，获得最大的税收收入。税收的多少取决于税基（国民收入）和税率，征税成本取决于税收征收与管理的效率。就税收本身而言，不应该有其他目的。"二战"之后，各国根据凯恩斯主义把财政政策作为调节宏观经济的工具。这样，税收又被赋予调节经济的目的，增税、减税以宏观经济状况为依据。但事实证明，这种做法效果有限，且操作起来不容易，自20世纪90年代之后已被放弃了。如今发达国家调节宏观经济的工具主要是货币政策。

在许多人的心目中，税收的另一种目的是调节收入分配、实现收入平等化。累进所得税、财产税、遗产税等税种都是为这一目的而设计的。但从实践的效果看，税收对缩小收入分配差距的作用相当有限。中国香港地区2005年取消了遗产税正是基于这一认识。实现收入分配差距缩小首先要靠经济发展，为低收入者提供更多就业机会，使他们在经济发展的基础上提高收入水平。过高的累进所得税抑制了富人投资和生产的积极性。富人也往往是有能力者，他们进行投资和从事创造性活动是经济发展的火车头。火车头缺乏动力，社会经济得不到发展，哪里有共同富裕基础上的平等？把税收作为调节收入分配的工具会削弱税收筹资的主要目的。因为税收对投资和生产的抑制作用会减少税基（国民收入）而减少税收。税收是在分蛋糕，而不是把蛋糕做大。20世纪80年代，美国的供给学派用拉法曲线说明了税收与税率、税基之间的关系。尽管这个学派早已成为"明日黄花"，但拉法曲线被作为经典留下来了。

缩小收入差别并不是税收的目的，仅仅是税收的作用或影响之一。在设计税制时，如何缩小收入差别并不是主要考虑的因素。一种税制应该使富人多缴税、穷人少缴税，并不是出于劫富济贫的目的，而是根据税收设计的公平原则。对于税收公平的解释有"能力说"与"受益说"两种理论。

"能力说"认为，按纳税能力（即收入水平）来纳税就实现了公平。这种公平又分为横向公平和纵向公平。横向公平是收入相等的人缴纳相同的税收。纵向公平是收入越高缴纳的税收应该越高。按照这种公平的原则，实行累进所得税，富人多缴税是天经地义的。

"受益说"认为，按从政府提供的服务中获得的利益来纳税同样实现了公平。富人从政府服务中获得的利益大于穷人，所以多缴税也应该。例如，政府提供产权保护的服务，富人要保护的财产多于穷人，从这种服务中得到的利益当然大于穷人。税收中有一部分用于社会保障，直接受益的是穷人。但社会保障为社会创造了一个和谐、安定的环境，富人不获得社会保障，但也同样受益——在安定的环境里享受自己的财富。根据公平原则设计的税制，结果改善了收入不平等状况。但这并不是当初设计税制时的目的，而是税制实施的结果。

为了增加税收收入，必须扩大税基。税基扩大是经济发展的结果，因此，税制设计要考虑到对经济活动的影响。这就是税制设计的效率原则。所得税、财产税、遗产税的征收当然对投资与生产有抑制效应。税制设计的效率原则，从消极的方面说就是要尽量减弱这种抑制效应。300 年前法国财政部部长柯勒贝尔形象地把这种情况称为"征税就像从鹅身上拔毛，你要拔尽可能多的毛，但又最好不要让鹅叫"。一般而言，人们对所得税这类直接税较为敏感，而对消费税这类间接税的敏感程度差一些。或者说，与所得税相比，消费税较为隐蔽一点，引起的抑制效应小一些。这正是一些经济学家建议用消费税替代所得税的原因之一。

从积极的方面看，税制设计的效率原则应该是鼓励投资与生产，或者引导资源的合理配置。许多国家对公司利润实行投资赋税优惠，即对用于再投资的利润实行税收减免，正是为了鼓励投资。国外普遍征收汽油税，中国在消费税调整中对木制一次性筷子、实木地板征税，都是为了更有效地利用稀缺资源。对污染环境的经济活动征收"庇古税"（由英国经济学家庇古提出而得名）是为了保护环境。这些都有利于整个经济效率的提高。

税制设计要从税收的目的出发，并考虑到税收对经济活动的影响。这也是中国以后调整税制的出发点。

大危机的货币因素

　　20 世纪 30 年代的大危机在许多人心目中已经是一个远逝的噩梦，但经济学家围绕这次大危机原因的争论一直没有停止。

　　大危机的直接原因当然是总需求的大幅度、持续减少。但又是什么引起总需求的这种变动呢？美国经济学家米尔顿·弗里德曼和安娜·施瓦茨在 1963 年出版的《美国货币史：1867～1960》一书中提出，引起这种总需求减少的最主要原因是货币量的减少。尽管美联储并没减少发行量，包括流通中现金和银行准备金在内的货币基础也没有减少，但由于许多债务人无法偿还贷款，银行不良资产剧增，以及储户挤兑，许多银行破产。银行破产减少了货币量中的另一个重要部分——存款，正常的货币供给量减少了 20%。这是总需求减少和大危机如此严重的最根本原因。换言之，货币是引起大危机的关键因素。

　　针对这种观点，美国经济学家彼得·特明在 1976 年出版了《是货币因素引起大危机吗？》一书。他认为大危机产生于自发支出的减少，这种减少与货币供给量无关，主要是由于人们日益增长的悲观情绪和不确定性的持续。

　　对历史的争论总是为现实服务的。这两种观点的背后是几个世纪以来，经济学界一直关注，而且至今也没有一致看法的一个问题：货币对经济到底有多重要？货币以什么方式影响经济？这个问题对理解经济运行的规律和政府宏观经济政策极为关键，只有了解不同经济学家对这个问题做出的回答，我们才能解释和评价不同国家在不同时期所运用的货币政策，才能知道这些政策背后的理论、它能起到的作用及局限性。

作为交换媒介的货币是与人类社会的交换活动同时出现的。当原始社会末期出现了部落与部落或者人与人之间的交换时，世界各地就出现了不同形式的货币。尽管以贝壳、石头、贵金属为形式的货币与今日的纸币不同，但它作为交换媒介、价值尺度、支付手段和价值储藏的基本职能并没变。对个人来说，货币，或者俗话所说的钱，是财富的代表；货币的多少决定人的生存状态，当然极其重要。但对社会而言，货币无非是便利交易和商品流通的工具。在德语中，货币（Geld）包含通用（Gelten）的意思，即货币是普遍接受的交易媒介。一种工具对整体经济当然谈不上有什么至关重要的作用。

当人类社会进入市场经济之后，货币的作用日益重要了。不仅市场经济的最早代言人重商主义者把货币等同于一国的财富，以保护主义贸易政策实现富国富民，而且，有更多的经济学家看到了货币对经济的直接影响。18世纪的英国哲学家和经济学家大卫·休谟就指出："在货币输入空前激增的各国，一切都有了起色，面貌一新；各行各业朝气蓬勃，干劲十足；商人更加雄心勃勃，力图进取；制造业者更加兢兢业业，精益求精；连农民扶犁也手脚轻稳，格外用心了。"休谟的这句话是指货币增加刺激了总需求，引起经济繁荣。

但货币量剧增也未见其是好事。十五六世纪地理大发现和随之而来的西欧各国对海外的掠夺，使作为货币的金银大量进入这些国家。货币的这种急剧增加并没有引起经济繁荣，相反却导致物价飞涨。这被经济史学家称为"价格革命"。这场"价格革命"使经济学家更加审慎地看待货币，这就产生了至今仍有影响的货币数量论。在对货币与经济关系的研究中，凯恩斯以前的古典经济学家形成了一种占主流地位的观点——古典二分法。

古典二分法就是把经济分为两个互不相关的部分——实物经济与货

币。相应的，经济学也分为两个互不相关的部分——经济理论与货币理论。经济理论研究实物经济中产量的决定，决定产量的是资源、人口、技术这些因素。货币理论研究货币如何决定物价水平。根据货币理论，物价水平取决于流通中的货币量，与货币量同比例变动，货币的价值（即购买力）也取决于流通中的货币量，与货币量反比例变动。换言之，货币量变动引起物价水平同比例变动和货币价值反比例变动。这就是著名的货币数量论。由这种古典二分法又得出了一个重要的推论：货币中性论。这就是说，在经济中，货币量的变动只影响物价、名义利率、名义汇率、名义 GDP 这些用货币单位表示的名义变量，并不影响真实利率、真实汇率、真实 GDP 这些用实物单位表示的真实变量。这种理论的基本观点是货币对经济没有实质性影响。

在今天看来，古典二分法太简单了，也许它反映了金本位货币制和经济尚不像现在如此复杂的经济中的规律，但已经不适用于今天。即使继承了货币数量论或货币中性论观点的经济学家，理论也大大改变了。今天的经济学家用不同的理论解释货币在经济全球化条件下对国内和国际经济的复杂影响。这些理论是 20 世纪 30 年代之后经济学的重要发展，也是各国不同货币政策的理论基础。

利率是影响经济的纽带

一种理论，无论如何权威，当它不能适应现实时，必然遇到挑战。20世纪初，货币在经济中的作用日益重要，把实物经济与货币分开的观点已无法解释现实经济生活。这时，古典二分法遇到了挑战。挑战者是瑞典经济学家威克赛尔。

威克赛尔是个思想有点激进的经济学家，他蔑视宗教中的神权、现实中的王权，主张言论自由、节制人口，也曾由于激进的言行而被捕。也许正是大无畏的反潮流的精神使他敢对传统的古典二分法发起冲击。他在《利息与价格》这本书中以利率为纽带把实物经济与货币联结为一个整体。

威克赛尔认为，货币对实物经济有实质性影响，而不仅仅是决定物价水平。货币是交换、投资与资本交易的媒介，可以通过利率变动影响储蓄和资本积累，进而影响产量变动。他的论述是从区分自然利率与货币利率开始的。自然利率指不使用货币时供求关系所形成的利率，相当于物质资本的收益率。货币利率指资本市场上用货币支付的利率，由借贷双方的供求关系决定。自然利率不受货币影响，对货币是中立的，但货币利率要受货币影响。这两种利率一致时，如果增加货币量，货币利率就下降。当货币利率低于自然利率时，这两者之间的差额称为超额利润，它刺激了企业增加投资、扩大生产。在充分就业的情况下，生产扩大引起生产要素需求增加，价格上升。生产要素流入支付能力高的生产生产资料的部门。生产要素的这种流动和消费支出增加引起消费品价格上升，这又引起对生产资料需求的增加，从而引起经济扩张的累积过程。在这个过程中，生产资料与消费品比例失衡，物价持续上升。这时只有减少货币量，使货币利率与自然利率一致。如果银行减少货币量提高了货币利率，这个累积过程正好相反。

威克赛尔用货币利率与自然利率的背离来解释经济周期。这种理论成为瑞典学派的理论基础，也被奥国学派的米塞斯、哈耶克等人吸收，发展为经济周期理论中的货币投资过度理论。在今天看来，威克赛尔的最大贡献还在于打破了统治经济学一百多年的古典二分法，用利率把实物经济与货币联系起来，说明了货币对整个经济的影响。以后的货币理论和货币政策正是由这个思路发展下来的。

但是，也许由于威克赛尔所在的瑞典是一个小国，也许由于他的著作最早是用德文出版的，也许他的理论还不够完善，威克赛尔的理论当时只在德语世界对奥国学派有所影响。而真正建立一种至今在理论和政策中仍有重大影响的货币理论的是英国经济学家凯恩斯。

凯恩斯在 1936 年出版的《通论》中用有效需求不足来解释 30 年代的大危机。有效需求分为消费需求和投资需求。消费需求取决于收入和边际消费倾向（增加的收入中用于增加的消费的比例）。由于边际消费倾向是递减的，消费需求不足。对经济而言，重要的还是投资需求。投资需求取决于资本边际效率和利率。资本边际效率指心理上的资产未来预期收益，相当于投资的收益率，它决定投资的收益。投资的成本是利息，由利率决定。投资取决于资本边际效率和利率的差额，即净利润率。凯恩斯认为，资本边际效率是递减的，所以，投资就取决于利率。货币量增加可以降低利率。这样，凯恩斯就说明了货币影响经济的传递机制。这就是，货币量影响利率，利率影响投资，投资是有效需求（即总需求）的重要组成部分，从而影响整个经济。这也是凯恩斯主义货币政策的传递机制。中央银行正是通过对货币量的调节影响利率进而影响经济的。这就是凯恩斯所说的"货币是刺激经济体系活跃起来的酒"。

但是，凯恩斯又指出"在酒杯和嘴唇之间还有几个易于滑脱的环节"。这是因为货币需求取决于人们心理上的流动偏好。流动偏好指人们出于交易、谨慎和投机动机，想以现金形式持有一部分财富的愿望。利息是对人们在某一时期内放弃这种偏好的报酬。流动偏好的存在使得维持一定利率所需的货币量必须加大。当利率降低到一定水平时，货币量的增加都被居民吸收，利率就无法再下降，起不到刺激经济的作用。这种情况称为流动性陷阱，现在也称为凯恩斯陷阱。这种流动性陷阱的存在使酒杯中的酒进不了嘴，货币对经济的刺激作用受到限制。所以，凯恩斯认为，如果流动偏好的增加大于货币量增加，或者如果资本边际效率的减少大于利率的下降，利率就无法刺激投资和经济。这正是货币政策的局限性。正因为如此，凯恩斯本人更重视财政政策刺激经济的作用。

凯恩斯论述了货币如何以利率为纽带影响整个经济。尽管他还更多地强调了用货币调节经济的局限性，但无疑彻底打破了古典二分法，为以后的经济学家认识货币在经济中的作用提供了一个理论基础。

利率成了牛鼻子

1981 年，美国经济学家詹姆斯·托宾获得诺贝尔经济学奖，众多记者要求他用一句话概括自己的理论。托宾说了一句至今仍广为流行的话：不要把你的鸡蛋放在一个篮子里。

托宾在经济学中最重要的贡献是分析了有关货币和金融资产的金融市场与有关消费、生产和投资的实际市场之间的联系，建立了金融市场与消费和投资决策，生产、就业和物价之间关系的理论。这种理论的起点正是可以概括为"不要把你的鸡蛋放在一个篮子里"的资产组合选择理论。

资产组合选择指人们在金融资产中所选择的各种形式资产的比例。在传统的理论中，金融资产只采取货币和债券两种形式，而且不考虑风险。托宾认为，人们的金融资产可以采取多种形式，如货币、定期存款、债券、股票、外汇，等等。人是风险厌恶者（即人们都不喜欢风险），因此，他们会根据各种形式资产的风险和收益选择一定比例各种形式资产的组合。不同形式资产的风险与收益是不同的，一种资产的风险越大，收益也越大，反之亦反之。人们要实现风险最小时的收益最大，就要按一定的比例把具有不同风险和收益的资产组合在一起。这就是"不要把你的鸡蛋放在一个篮子里"的含义。每个经济主体都要做出资产组合选择的决策，把这些决策加总在一起就得出了整个金融市场各种形式资产的总需求和总供给。用供求分析法就可以解释各种形式资产均衡价格和收益率的决定，说明货币等因素对资产价格和收益率的影响。这就为分析金融市场与实际市场之间的联系提供了一种理论基础。

在这种理论的基础上，托宾分析了货币传递机制，即货币的变化如何通过利率来影响整个经济。这种传递机制是：货币供给量变动影响利率，利率影响实物资产的现期证券市场价值和现期重置资本的比率（托宾用 q 来代表这个比率，被称为"托宾 q"），这个比率又影响投资，投资影响整个经济。理解这种传递机制的关键是托宾 q，即实物资产的现期证券市场价值和现期重置资本的比率。例如，某种资产的重置成本（即购买同样资产的价格）为 100 万元，为购买该资产所发行的 100 万股股票的现期市场价格为 1.2 元，该资产的现期证券市场价值为 120 万元，则托宾 q 为 1.2。q 的大小随股票价格同比例变动，随重置成本反比例变动。

举个例子来说明这种传递机制。比如，货币量增加，引起利率下降，在资产组合选择中人们就要减少货币而增加购买其他资产（如股票），这就使股票价格上升，q 值增加，从而刺激了投资和整个经济繁荣。托宾强调 q 在联系金融市场和实际市场中的重要作用。利率之所以重要就在于它可以影响 q，而不在于它可以直接影响投资。

在凯恩斯的理论中，利率是作为实际经济和货币之间的联系的纽带。这种纽带把利率与投资联系起来了。在托宾的理论中，利率要影响更广泛的变量，从而利率成为整个经济的牛鼻子。

利率对投资的影响是通过对实际资产的现期证券价值（即股票价格）的影响来实现的，而不是像凯恩斯所说的那样通过对投资的成本（利息）的影响来实现的。这就确立了利率和股市之间的关系，说明货币政策引起的利率变动如何影响股票价格。现在大家都认识到，利率上升，股票价格下降；利率下降，股票价格上升。正因为如此，股市经纪人极其关注美联储前主席格林斯潘的一举一动。他们甚至观察到，当美联储开理事会时，如果格林斯潘拿的皮包厚就会调利率；如果这个皮包薄，利率就不会变动。各个证券公司也把退休的美联储专家高价雇为顾问，为其分析货币政策走向。

在凯恩斯的理论中，利率是不影响消费的，但根据托宾的理论，利率对消费支出也有重要影响。消费取决于收入和财产的市场价值。在现代社会中，人们的一部分财产是以股票为形式的金融资产。股票的市场价值取决于股票价格。当利率下降，股票价格上升时，尽管人们拥有的股票量未变，但其市场价值增加了。股票价格上升引起的人们财产增加就引起消费支出增加。这称为消费的财产效应。另一方面，我们可以把住房、汽车这类耐用品作为实物资产。购买这些物品通常靠长期贷款，利率是决定重置成本的重要因素之一。因此，利率下降会显著地降低重置成本，从而刺激购买。克林顿执政的 20 世纪 90 年代，美国利率下降，股票价格上升，成为消费支出增加、经济繁荣的重要因素之一。

如果说凯恩斯把利率作为联系实际经济与货币的纽带，那么，托宾就把利率作为整个经济的牛鼻子。这正是凯恩斯主义货币政策把利率作为中间目标，主张"盯住利率"的原因。但要全面了解货币如何通过利率来影响经济，分析货币政策的影响，我们还必须考察开放经济中货币、利率与汇率之间的关系及其对整个经济的影响。

汇率让你喝到免费啤酒

有一个关于汇率与经济的故事。

故事发生在美国和墨西哥边界的小镇上。一个游客在墨西哥一边的小镇上，用0.1比索买一杯啤酒，他付了1比索，找回0.9比索。他到美国一边的小镇上，发现美元和比索的汇率是1：0.9。他把剩下的0.9比索换了1美元，用0.1美元买了一杯啤酒，找回0.9美元。回到墨西哥的小镇上，他发现比索和美元的汇率是1：0.9。于是，他把0.9美元换为1比索，又买啤酒喝。这样在两个小镇上喝来喝去，总还是有1美元或1比索。换言之，他喝到了免费啤酒。

这位游客能在两国不断地喝到免费啤酒，在于这两国的汇率是不同的。在美国，美元与比索的汇率是1：0.9，但在墨西哥，美元和比索的汇率约为1：1.1。在墨西哥，比索与美元的汇率是1：0.9，但在美国，比索与美元的汇率约为1：1.1。这位游客正是靠这两国汇率的差异，进行套利活动，喝到了免费啤酒。免费啤酒是指喝酒的人没花钱，但酒店还是得到钱的。谁付了钱呢？如果美国的汇率正确，墨西哥低估了比索的价值，喝酒钱是由墨西哥出的。如果墨西哥的汇率正确，美国低估了美元的价值，啤酒钱是由美国出的。如果两国的汇率都不正确，则钱由双方共同支付。

当汇率定得不正确时，就会有人从事套利活动，即把一种货币在汇率高估的地方换成另一种货币，再把另一种货币拿到汇率低估的地方换为原来的汇率。套汇是市场上套利活动的一种，套利就是在价格低的地方买，在价格高的地方卖，获取其差额。在国家严格控制外汇，并规定汇率，且汇率与货币实际购买力不一致时，必定有套汇出现。旧中国时四大家族正是通过套汇攫取国家财产。在我们改革开放初期，通过套汇赚钱的人也不少。如果只有美、墨边界上的游客喝点免费啤酒，损失倒不大。但如果两国的交易不止一杯啤酒，套汇者也不止一个游客，那损失可就大了。

汇率对经济的影响当然不只这一点。在开放经济中，国际间物品和资本的流动把各国经济紧紧联系在一起。汇率的变动对一国宏观经济运行有重要影响。一国汇率的贬值，可以降低本国出口产品在国际市场上的相对价格，从而增强竞争力、增加出口。出口是一国总需求的重要组成部分，出口增加可以增加总需求、刺激经济。正因为如此，一些国家就通过汇率贬值来刺激经济。国际贸易中的收入与支出称为国际收支中的经常项目，汇率变动引起进出口变动，经常项目变动，从而也影响一国国际收支状况。所以，汇率贬值，出口增加（或进口减少），会增加贸易盈余（或减少赤字），改善国际收支状况。但要注意，汇率贬值对国际收支的改善有一个过程，往往先是使国际收支状况进一步恶化，到一定时期后才会使国际收支状况改善。经济学家把汇率贬值对国际收支的这种影响称为"J效应"。取其汇率贬值后，国际收支先恶化（向下），然后改善（向上）之意。

汇率对经济如此重要，汇率是如何决定的呢？我们可以把汇率分为名义汇率和实际汇率。名义汇率是一国货币与另一国货币交换的比率。比如，前面所讲到的美元与比索的汇率为1：0.9。这是我们在外汇市场上兑换时的比率。实际汇率是一国物品与劳务与另一国物品与劳务交换的比率。换言之，名义汇率是用货币单位来表示的，实际汇率是用实物单位来表示的。用一个公式来表示：实际汇率＝（名义汇率×国内价格）÷国外价格。如果用 e 代表名义汇率，p 代表国内物价水平，p* 代表国外物价水平，这两个物价水平都用物价指数（消费物价指数或 GDP 平减指数）来表示，实际汇率＝（e×p）/p*。

人们之所以用一种货币兑换另一种货币，目的是为了在他国购买商品。在经济全球化的情况下，一种物品在不同国家都应该按同样的价格出售，否则套利活动就会出现，最终结果是价格差的消除。这被称为单一价格规律。如果单一价格规律成立，所有货币的每一单位在每个国家都应该有相同的实际购买力。这就是汇率理论中著名的购买力平价理论。这种理论是由瑞典经济学家卡塞尔在 1916 年提出来的。根据这种理论，两国通货之间的名义汇率取决于这两个国家的物价水平。但在现实中由于一些物品与劳务并不能进入国际贸易，在有些情况下单一价格规律并不成立。所以，购买力平价理论有局限性。英国《经济学家》研究了各国巨无霸汉堡包的价格与各国的汇率证明了这一点。例如，在日本巨无霸为 21.2 日元，在美国为 2.49 美元，按购买力平价理论，日元与美元汇率应该是 105 ∶ 1，但实际上是 130 ∶ 1。

　　尽管购买力平价理论有局限性，但仍然是汇率决定的基础。重要的是，购买力平价理论说明了物价水平与汇率之间的关系。这就把货币与汇率联系起来了。我们可以沿着这条思路考虑开放经济中货币的作用。这就需要另一种理论：蒙代尔—弗莱明模型。

蒙代尔作秀的资本

蒙代尔近年来在中国活跃得很，又是参加自己公司主办的商业性"2004 年世界经理人峰会"，又是为自己的门户网站作秀，还声称要把自己公司总部迁到北京。他大讲中国经济并不过热，人民币不该自由兑换，中国应坚持固定汇率。这些演讲故作惊人的结论多，精辟深入的分析少，以至于有媒体称他在中国"蒙事"。不过，他能蒙事，并真蒙了一些人，还在于他有"资本"。这就是他由于蒙代尔—弗莱明模型及其他贡献获得了诺贝尔经济学奖。这个模型货真价实，是研究开放经济中货币作用的基石。

蒙代尔—弗莱明模型是蒙代尔和已故世界银行专家弗莱明在 20 世纪 60 年代提出来的，研究开放经济中货币、利率和汇率之间的关系，以及政策选择，至今仍然是开放宏观经济学和国际经济学的核心内容，并对经济政策产生了重大的影响。

蒙代尔—弗莱明模型是资本市场完全开放条件下的小国开放模型。在这种情况下，一国利率的变动并不影响世界利率水平。如果世界利率水平是既定的，当该国国内利率高于世界利率时，资本就流入该国，当该国国内利率低于世界利率时，资本就从该国流出。这个模型分析国内可贷资本市场与外汇市场，联系这两个市场的是利率。这就是说，国内可贷资本市场（相当于货币市场）的供求关系决定国内利率水平，外汇市场的供求决定汇率。利率的变动通过对资本流动的影响而影响外汇市场上本国货币的供给，进而影响汇率和整个经济。

用一个具体例子来说。假设一国或者由于中央银行增加货币量，或者由于国民储蓄增加，可贷资金的供给就增加。当可贷资金需求不变时，就会引起可贷资金市场上利率下降。在原来国内利率与世界利率一致时，这种利率下降就使国内利率低于世界利率，从而资本流出增加。资本流出增加了外汇市场上本国货币的供给，在外汇市场对本国货币需求不变的情况下，这就引起本国货币汇率贬值。汇率贬值会增加该国出口，并刺激国内经济。

在托宾的理论中，货币通过利率影响整个经济。在蒙代尔一弗莱明模型中，利率还会影响汇率，并进而影响总需求。利率对汇率和总需求的影响被称为"蒙代尔一弗莱明效应"。

蒙代尔一弗莱明模型还分析了在资本完全流动的开放经济中，当一国采用不同汇率制度时，货币政策与财政政策对宏观经济的不同影响。这一模型的结论是，在固定汇率之下，财政政策对宏观经济的影响要远远大于货币政策；在浮动汇率之下，货币政策对宏观经济的影响远远大于财政政策。

固定汇率并不是政府用行政力量确定的汇率，而是在货币自由兑换条件下中央银行通过调节外汇市场上本国货币的供给来稳定汇率。为了稳定汇率，当外汇市场上对本国货币需求增加时必须增加本国货币供给，当本国货币需求减少时必须减少本国货币供给。根据蒙代尔一弗莱明模型，当一国增加货币量降低利率来刺激经济时，汇率也会下降。这时为了维持汇率稳定，中央银行又必须在外汇市场上回购本国货币，以减少本国货币供给。这又会引起利率上升。结果最初的增加货币与以后的减少货币相抵消，利率没变，货币政策起不到作用。财政政策有挤出效应，即财政支出增加使 GDP 增加的同时也增加了货币需求，引起利率上升挤出投资。在蒙代尔一弗莱明模型中，利率上升引起汇率上升。中央银行为了稳定汇率就要增加货币供给，从而使利率下降。财政政策的挤出效应消失，能有效地刺激经济。

在浮动汇率的情况下，汇率由外汇市场的供求决定，中央银行不加干预。当采用财政政策时，利率上升产生挤出效应。尽管利率上升也引起汇率上升，但中央银行并不干预，也不增加货币供给。这样，利率降不下来，挤出效应使财政政策刺激经济的作用大大削弱。但是，当采用货币政策时，货币量增加、利率下降有效地刺激了经济。同时，利率下降引起汇率贬值，中央银行并不加以干预。这时汇率贬值又可以增加出口，再次刺激总需求和经济。因此，货币政策对经济的刺激作用最大。

尽管蒙代尔—弗莱明模型有严格的假设条件，但它仍真实地反映开放条件下货币、利率与汇率之间的关系，说明货币在开放宏观经济中的重要作用。这一模型所得出的政策结论已得到了广泛的运用。20 世纪 90 年代克林顿政府时期，美国采用紧缩性财政政策减少赤字，采用扩张性货币政策刺激经济，既实现了经济繁荣，又成功地减少了财政赤字，甚至实现了年度财政盈余。这正是根据蒙代尔—弗莱明模型的分析所制定的政策导致的。在考虑财政政策与货币政策对经济的影响时，也要根据不同国家资本市场的开放程度与所采用的汇率制度。

1971 年后，蒙代尔离开了芝加哥大学，学术上也没有更多创新。但仍可以以其成就在世界各地"蒙事"。不过你千万别把他的话全作为真理。他关于中国经济并不过热等言论就不是深思熟虑的结果。他对中国的了解毕竟太少。

格林斯潘的皮包

格林斯潘为什么如此重要？这就因为他美联储主席的地位。这个决定美国货币政策的职务不仅影响美国的经济，而且影响全世界的经济。格林斯潘手中的武器正是在经济中起着重要作用的利率。市场经济中有各种不同的利率，格林斯潘所控制的是一种最重要的利率——联邦基金利率，即商业银行之间短期拆借的利率。每当美国经济出现衰退时，格林斯潘会宣布降低联邦基金利率；每当美国经济出现通胀时，格林斯潘又会宣布提高联邦基金利率。每次调整的幅度并不大——法律规定每次调整的幅度不得超过0.5个百分点（但可以连续调整），在现实中，格林斯潘更为谨慎，每次只调0.25个百分点，甚至0.125个百分点。但这利率微小的变动都对股市、投资、消费和汇率带来相当大的影响。当然，变动利率的决定也并不是格林斯潘一人做的，而是由联邦公开市场委员会在每六周一次的例会（特殊情况下随时开会）上集体做的。

在市场经济中，即使是美联储也不能用行政命令的方式决定利率水平，利率是由货币市场（或可贷资金市场）上的供求关系决定的。因此，格林斯潘所宣布的利率调整幅度仅仅是一个目标，要实现这个目标还必须改变货币市场上的供求关系。货币需求不是美联储可以直接控制的，美联储控制货币供给，可以通过改变货币供给量来达到所宣布的利率调整目标。

美联储改变货币供给量的手段最主要是公开市场活动。公开市场活动就是美联储在证券市场上买卖政府债券。当联邦政府用货币筹资方式为政府支出筹资或弥补财政赤字时，就把它所发行的债券卖给美联储。这些政府债券就成为美联储调节货币供给量的工具。具体来说，当美联储买进政府债券时，就向出卖债券的个人或企业支付了货币，这就增加了流通中的货币量，达到降低利率的目标。当美联储卖出政府债券时，购买这些债券的个人和企业向美联储支付，这就减少了流通中的货币，达到提高利率的目标。在现实中，每当美联储决定降低或提高利率时就会通知纽约联邦储备银行在纽约证券市场上买进或卖出政府债券。

美联储还有另外两种改变货币供给量的次要工具——贴现率政策和准备率政策。贴现率指商业银行向中央银行贷款的利率。贴现率的变动影响商业银行向中央银行贷款的意愿和能力，从而影响商业银行的贷款，这种贷款是流通中货币量的一个组成部分。例如，降低贴现率使商业银行愿意而且能够增加向中央银行贷款，从而使商业银行能更多地发放贷款。这就增加了货币量，降低了利率。准备率是中央银行规定的商业银行吸收存款中作为准备金的比例。准备率影响商业银行的贷款能力，从而影响流通中的货币量。例如，降低准备率使商业银行在既定存款中可以更多地贷款，从而可以增加货币量。在许多国家，贴现率已经相当低，调整准备率程序较复杂，远不如公开市场活动那样方便。因此，这两种货币政策工具并不常用。

货币政策的这种运用说起来简单，真正运用起来相当复杂。我们知道，中央银行直接控制的是基础货币，但基础货币并不等于流通中的货币，因为商业银行可以通过正常的吸收存款和发放贷款来使流通中的货币量大于中央银行增加的基础货币。流通中的货币与基础货币的比率称为货币乘数，其数值一定大于1。商业银行通过存贷款活动增加流通中货币量的机制称为商业银行创造货币的机制。可以用一个简单的例子来说明这一点。中央银行通过公开市场上的买进活动使基础货币增加了1亿元。如果这1亿元存入某商业银行中，存款增加1亿元，流通中的货币增加1亿元。得到存款的商业银行按0.1的准备率把1千万元作为准备金留下，其余9千万元则可以贷出去。这 9 千万元又成为流通中的货币。这时流动中的货币已经成为 1.9 亿元。得到这 9 千万元贷款的人把这些钱再存入另一银行，于是又开始了新一轮存款增加的过程。这个过程一直持续下去，流通中的货币会增加 10 亿元，货币乘数为 10（即准备率 0.1 的倒数）。当然，现实中每一轮存贷款增加中都有现金漏出（得到的贷款作为现金持有），不再参与创造货币的过程。因此，实际的货币乘数比准备率的倒数要小得多。

我们通常只看到格林斯潘宣布联邦基金利率的调整，而不了解发生在其背后的一系列复杂过程。要使利率达到一定目标，必须了解达到这一目标需要货币供给量变动多少，以及基础货币变动多少才能引起这么多货币供给量变动。这既需要精确的计算，又需要掌握这种政策变动的艺术。

格林斯潘担当此重任，言行不能不谨慎。他以讲故意让人听不懂意思的"美联储语言"著称，连他谈了十几年的女朋友有时都听不懂他的话。但智者千虑必有一失。据说记者发现，当格林斯潘的皮包鼓时，就要调利率了；当他的皮包瘪时，利率则不变。怪不得一只小小的皮包也成为新闻的热点或电视的特写镜头。

现在这只皮包转到了伯南克手中，但受关注的程度不会下降。

另类的货币政策

美国现行的货币政策是盯住利率。美国是世界上头号经济强国，它的货币政策对其他国家有示范效应，许多国家也采用了这种货币政策。有些人误认为这就是唯一的货币政策。其实不同的国家在不同的时期还采用过其他货币政策。要了解另类货币政策还必须从弗里德曼的现代货币主义谈起。

认为货币量决定物价水平是传统货币数量论，弗里德曼的现代货币主义的基础——现代货币数量论正是由此发展而来的。当然，作为当代经济学史上的"货币主义革命"，绝不是简单恢复传统货币数量的观点，而是有重大创新，否则它不能成为一种"革命"。传统货币数量论是运用古典二分法分析物价决定的，现代货币数量论是分析货币对整个经济的影响的。

现代货币数量论重点分析货币的需求。弗里德曼认为，货币需求函数是一个多元函数，货币需求取决于个人财产及各种形式资产（债券、股票等）的收益率，其中最重要的是个人财产。他又用个人收入来代表财产，并用持久收入假说来解释个人收入的稳定性，从而证明了货币需求函数是一个稳定的函数。在货币需求函数稳定的情况下，决定经济的就是货币供给，即货币量。他认为，短期货币量的变动既影响价格又影响产量，即影响名义国民收入。但长期中货币量只影响物价水平而不影响产量。他强调，货币在短期对产量的影响不是通过对利率的影响，而是通过对不动产、债券、股票等形式资产价格的影响。这就是说，货币量增加引起支出增加，支出增加使各种资产价格上升，从而刺激了投资和收入增加。

由这种理论出发，弗里德曼反对盯住利率的凯恩斯主义货币政策。他认为，货币量变动对利率的影响是不确定的，因此，把利率作为货币政策目标是一种误导。弗里德曼的货币政策被称为单一规则，即无论经济是处于繁荣还是衰退，货币量都按一个固定的比率增加，不能为了刺激或抑制经济活动而改变货币量增加的比例。

从更深层次上看，弗里德曼和凯恩斯主义者的货币政策分歧在于要不要国家干预经济。凯恩斯主义者主张通过国家干预来实现经济稳定，货币政策则是干预经济的工具之一。弗里德曼反对国家干预经济。他认为，市场经济本身是稳定的，国家干预的结果是加剧经济的不稳定性，或者说干预的政策本身成为经济不稳定的根源之一。他强调货币政策本身的目的不是刺激或抑制经济，而是稳定物价，为经济运行创造一个良好的环境。弗里德曼是凯恩斯主义最有力的批评者，因此，由弗里德曼发起的"现代货币主义革命"也被称为"对抗凯恩斯主义的革命"。

现代货币主义货币政策的中心是通过控制货币量来稳定物价。这种政策在 20 世纪 80 年代受到各国重视并被采用。最早采用这种政策的是英国。20 世纪 70 年代末，撒切尔夫人上台后面临着通货膨胀和经济衰退的双重压力。撒切尔夫人信奉自由市场经济，大刀阔斧地实行私有化政策。同时，公开宣布采用货币主义的货币政策，严格控制货币发行量，以降低通货膨胀。因此，英国被称为现代货币主义的"实验室"。结果是英国实现了物价稳定和经济复兴。80 年代初，里根总统上台后，也采用了这种政策。当时的美联储主席沃尔克顶住了来自各方的压力，实行严格的货币紧缩政策，使美国短期内通货膨胀率由两位数下降到了 3% 左右，为 80 年代美国经济的振兴创造了条件。

近年来，越来越多的国家还采用了中性货币政策。这种政策与现代货币主义的货币政策类似，目的不是刺激或抑制经济，而是把稳定物价作为货币政策的唯一目标。中性化就是使货币政策不直接影响经济活动。它与弗里德曼主张的货币政策单一规则的不同之处在于，不是规定一个固定的货币增长比率保持不变，而是根据稳定物价的需要来调节货币量。这种政策不把通过利率来影响经济作为货币政策的目标，只是为市场机制正常发挥作用创造一个物价稳定的良好环境。这种政策操作起来容易，而且从长期来看对经济也是有利的。利用货币政策刺激经济在短期内可能是有效的，但长期中会埋下通货膨胀的隐患。只有物价稳定才有经济的长期繁荣。战后的德国一直把物价稳定作为货币政策目标，同时又实现了经济繁荣。现在的欧盟更偏重于这种稳定物价的货币政策。采用这种政策的澳大利亚、新西兰等国经济状况也一直良好。

应该说，不同的国家在不同的时期面临不同的经济形势，所要解决的问题也不同。即使都是市场经济，市场的成熟程度、经济决策机制也不同。因此，各国不可能永远采用同一种货币政策。在货币政策问题上同样要从实际出发，与时俱进。这才是货币政策永恒的真理。

当然，20世纪80年代之后"另类"货币政策的出现还有更深刻的背景。这就是整个宏观经济政策的方向性变化。在政策目标上，由刺激经济转向稳定经济；在政策工具上，由财政政策转向货币政策。

央行需要独立

1996 年，美国参院银行委员会成员、民主党参议员萨巴尼斯提出，剥夺地区联邦储备银行总裁在联邦公开委员（FOMC）中的投票权。众院银行委员会成员、民主党众议员冈萨雷斯提出，地区联邦储备银行总裁由总统任命并由参院确认。这两个建议受到经济学家一致抨击。被认为有可能在以后接任格林斯潘美联储主席的著名经济学家马丁·费尔德斯坦著文疾呼"不要踩在美联储的头上"。

费尔德斯坦为何大动肝火？我们知道，美国经济的成功在很大程度上得益于美联储的货币政策。货币政策的正确又依赖于美联储决策的独立性。美联储的 7 位理事及主席由总统任命并经参院确认。理事会主席任期 4 年，每位理事任期 14 年，每 2 年重新任命一位。美联储的货币政策决策者为联邦公开市场委员会，其成员包括美联储 7 位理事和 20 个地区联邦储备银行的总裁。这些总裁中有 5 位有投票权，除纽约联邦储备银行总裁总有投票权外，其他总裁轮流享有投票权。地区联邦储备银行总裁由这些银行的理事会选出，不对政府或议员负责，这些总裁来自美联储的雇员，许多人是专家。他们忠于稳健的货币政策目标，而不是政府或政治家。这种人事任命和决策制度是美联储和货币政策独立性的制度保证。那两位议员的建议正是要削弱美联储决定货币政策的独立性。所以，引起费尔德斯坦的愤怒和经济学家的一致反对就不足为奇了。

美联储的独立性保证了在做出货币政策决策时可以摆脱来自政府或议会的政治压力。作为政治家的总统和议员行为目标是连选连任，这就要迎合选民的意见。选民往往是目光短浅的，只看重眼前的经济繁荣，而很少想到这种繁荣在未来引起的通胀压力。因此，他们通常都喜欢能刺激经济的低利率政策，而不喜欢提高利率。就总统而言，大选前的经济繁荣、失业率低对他连选连任是有利的。因此，在大选前会选择刺激经济的政策，当选后又会实行紧缩，以遏制通胀。这种由于大选而引起的经济波动被经济学家称为"政治性经济周期"。这就是说，当包括货币政策在内的经济政策为政治服务时，政策本身有可能成为经济不稳定的根源之一。

　　作为宏观调控的重要手段之一，货币政策的目标是稳定经济而不是刺激经济。如果货币政策被作为刺激经济的手段，它就会加剧经济本身的不稳定性。因此，货币政策应该在经济衰退时降低利率，遏制衰退；在经济繁荣时提高利率，减缓通胀的压力。在现实中，降低利率的政策不会引起政治家和公众的反对，但提高利率的政策会有政治上的阻力。货币政策遏制通胀的作用比遏制衰退更为重要，也更为困难。正如一位经济学家所说的，美联储的任务就是在宴会开始时把马丁尼酒拿走。给繁荣的经济泼冷水比从欢乐的人群中拿走马丁尼酒要难得多。人们的心态总是"我死后哪怕洪水滔天"。如果美联储没有独立性，听命于政府，或者货币政策的决策者完全由政府任命，货币政策的决策就必须受命于政府，或在相当大程度上受政府影响。当货币政策不独立时就可能成为追求繁荣的工具，从而破坏稳定，甚至引发严重的通胀。

　　让美联储保持独立性，由联邦公开市场委员会做出独立的货币政策决策，对经济会利大于弊。美国20世纪80年代的经济为此提供了一个案例。1979年，当保罗·沃尔克就任美联储主席时，美国经济正处于战后最糟的时期，滞胀严重，通胀率与失业率都将近10%。当时正值美国大选前夕，卡特总统和议会都希望刺激经济，降低失业率，民众也普遍希望走出衰退。但沃尔克和美联储认为，当时美国的问题首先是通胀，不先遏制通胀，经济不可能走出衰退。因此，美联储采取了紧缩性的货币政策，减少货币供给量，提高利率（名义利率达到历史上少有的 10% 以上）。这种政策受到卡特总统和议会的一致反对。政府向美联储和沃尔克施加压力，议会在听证会上也希望沃尔克改变政策。但由于议会和政府在法律上都无权干预美联储的决策，因此，沃尔克的紧缩性货币政策得以实施。在这种政策实施的短期中，尽管失业率曾超过 10%，但通胀率从 1981 ～ 1982 年的将近 10%，下降到 1983 ～ 1984 年的 4% 左右。80 年代也成为战后美国经济最好的时期之一。回想一下这一段历史，如果美联储不是独立的，决策要受政府或议会的控制，能有 80 年代里根时期的辉煌吗？

世界各国的央行有两种体制，一种是依赖于政府，甚至成为政府的一个部门（甚至财政部下的一个部门），另一种是像美联储那样独立的。经济学家用统计数据证明了央行独立性和物价稳定程度具有高度相关性。这就是说，央行越独立，物价越稳定。许多国家认识到，利用经济政策刺激经济，往往是以长期的不稳定来换取短期繁荣。经济政策应以稳定为基本目标，货币政策的目的应该是物价稳定，而不是凯恩斯主义所追求的充分就业。要实现物价稳定，必须从立法上使央行独立。只有当央行能不惧怕来自政府或议会的政治压力时，才能把物价稳定作为自己的唯一目标。因此，现在总的趋势是各国央行的独立性在加强。当欧盟中央银行成立时，各国一致同意第一任央行行长要由德国人担任。因为在欧洲，德国央行的独立性最强，由德国人担任第一任欧盟央行行长有利于确立它的独立性。

决策制度的设计要有利于经济稳定。现在央行的独立已成为一股不可抗拒的历史潮流。

费尔普斯获奖了

　　每年的金秋十月，全世界经济学界都在关注诺贝尔经济学奖花落谁家。每年的最终结果也让许多预言家大跌眼镜。2006 年 10 月 6 日《纽约时报》预期的获奖第一热门人物是新国际贸易理论的代表人物、普林斯顿大学的吉恩·格罗斯曼和埃尔赫南·赫尔普曼。排在第二位的是新增长理论的开创者、斯坦福大学的保罗·罗默。再往后是力主自由贸易的印裔美国经济学家贾迪斯·巴格瓦蒂。这些都是知名度相当高的经济学家，他们无论谁获奖，都无愧于这个荣誉。不过最后花落于埃德蒙·费尔普斯这个没有被猜到的哥伦比亚大学教授。

　　当然，费尔普斯并不是"黑马"。他对宏观经济学的贡献已为经济学界和决策者所熟知并运用。早在 2001 年，他就是获得诺贝尔奖的热门人物。2003 年《纽约时报》根据全美 250 名教授、研究生的 1 美元打赌结果，预测他和爱德华·普雷斯科特谁获奖。结果后者获奖，他又一次在最后的时刻被淘汰出局。当然，是金子总会闪光，在今年人们已对他不抱希望时，他却摘取了这个桂冠。近五年来每次诺奖都由两三个人分享，这次由他独揽。他对自己获奖是有信心的。在获奖后他对媒体说："我曾经想过这会发生，但对于在什么时候却并不知道。"

　　费尔普斯对就业、通货膨胀、通货紧缩、储蓄、经济增长和经济政策这些宏观经济问题都做出了引人注目的贡献。因此，他被称为"现代宏观经济学的缔造者"和"影响经济学进程最重要的人物"之一。不过在我看来，他最重要的贡献还在近四十年前和弗里德曼对菲利普斯曲线的研究和由此提出的自然率假说。

1958 年，在英国的新西兰经济学家菲利普斯根据英国近百年的资料画出了一条表示失业和通货膨胀之间关系的曲线。这条曲线表明，当失业高时，通货膨胀低；反之，当失业低时，通货膨胀高。或者说，这两者是一种交替关系。这就是宏观经济学中著名的菲利普斯曲线。

1960 年，美国经济学家萨缪尔森和索洛把这条曲线引入了美国，并用美国的资料证明了这条曲线对美国的适用性。我们知道，这两位麻省理工学院的教授是美国凯恩斯主义——新古典综合派最主要的代表人物。他们是主张政府用积极的政策行为来调节宏观经济的。菲利普斯曲线为政策的运用提供了一个良好的指南。这就是当经济中失业率高时，政府可以采用扩张性经济政策，以提高通胀率为代价来降低失业率；反之，当经济中通胀率高时，政府可以采用紧缩性政策，以提高失业率为代价来降低通胀率。用这种政策把失业率和通胀率都保持在一定范围之内，经济就实现了稳定。20 世纪 60 年代，这种观点成为美国经济政策的指南。不过总体上还是以扩张性政策刺激经济为"主旋律"。

就在这种观点已在经济学中一统天下时，1968 年，费尔普斯和弗里德曼对这种观点提出挑战。他们提出，菲利普斯曲线的错误在于没有考虑到预期。只有在这种情况下，通货膨胀引起实际工资下降，才会刺激生产增加就业。但如果考虑到预期，情况就会不同。他们采用的是适应性预期的概念，即人们可以根据过去预期的失误来调整自己对未来的预期，从而改变自己的行为。在短期中，人们来不及调整预期，从而菲利普斯曲线所表示的关系是存在的。但在长期中，人们会调整自己的预期，要求提高工资，从而实际工资下降刺激生产的作用就不存在了。所以长期中并不存在菲利普斯曲线所表示的关系。现在几乎所有经济学家都接受了这个观点。作为新凯恩斯主义代表的美国经济学家曼昆在他畅销全球的教科书《经济学原理》中把短期中社会面临失业与通胀之间权衡取舍关系，但长期中并不存这种关系作为经济学十大原理之一，能进入教科书表明经济学界的公认。

但是，这并不仅仅是一种理论观点，还深深影响到经济政策。费尔普斯和弗里德曼大胆预言，如果政府利用短期菲利普斯曲线的关系以高通胀来换取低失业，这种成功只是暂时的，而且会引起高失业与高通胀并存的滞胀。这种任何通胀都无法降低的失业率称为失业的自然率。这就是在宏观经济学中同样著名的"自然率假说"。美国20世纪60年代末和70年代的滞胀证明了这种观点的正确。弗里德曼在1976年获得了诺贝尔奖，现在也轮到费尔普斯了。

80年代之后凯恩斯主义的衰落和自由放任经济学的兴起使政策由强调国家干预转向更多依靠市场机制。从诺贝尔奖来看，七八十年代，代表凯恩斯主义的萨缪尔森、托宾、莫迪利安尼、索洛等人纷纷获奖，而90年代后获奖的逐渐成为代表自由放任的卢卡斯、普雷斯科特、费尔普斯这些人。经济学的风向变了。

许多人很关心这些获奖成果对我们有什么意义，其实这些理论的背景是发达的市场经济。我们仍然是一个转型中经济，他们的许多理论并不适用。不过从他们的理论中可以看出我们未来的方向。加强市场机制的调节作用，减少国家对经济的干预，尤其是不能靠政策的刺激实现高增长，也是我们应该注意的。

内需不足，企业有责

我在思考内需不足时想到一个小说中的情节。写的是一个苏联的叛逃者到了意大利之后发现水杯形形色色，造型、图案各有千秋，个个令人爱不释手，情不自禁买了许多。其实就饮水而言，一个足矣，但每个造型和图案不同的杯子都给他带来不同的感觉，买了许多也不觉得多。

目前，中国的对外依存度（出口加进口，除以GDP）已高达70%。2005年拉动增长的需求高达40%来自国外。政府提出扩大内需的要求是及时的。对于内需不足的原因许多人归咎于收入增长缓慢，尤其农民收入增长有限，以及社会保障体系的不完善。这当然是极为正确的，因为决定需求的归根结底还是收入水平。这在经济学中早有定论。但从另一个角度看，企业对内需不足也有责任，尽管与收入相比，这种责任还是次要的。

消费者购物是一个"刺激—反应"的过程。消费者购物是为了获得效用（满足程度），效用是对欲望的满足。"刺激"就是激起消费者的购买欲望，"反应"就是消费者掏钱包购买。要刺激消费者，物品必须能给消费者带来效用，即能满足消费者的一种欲望——生理的或者心理的。在现代社会中，生理的欲望是有限的，吃饱、喝足、穿暖而已。心理的欲望却是无限的，可以不断地被激发出来。那个叛逃到意大利的苏联特工，出于生理欲望只需要一个用来盛水的杯子即可，但出于心理欲望，获得美的享受，对杯子的需求则是无限的。当企业刺激了他的爱美欲望时，杯子卖出去了，内需也增加了。

"刺激"能发生作用的原因就在于心理欲望的无限性。这种欲望满足了又会产生一个新的，所谓"人心不足蛇吞象"正是这个意思。而且，不同人的价值观不同，心理欲望也不同。一种产品只要能激起一小部分消费者的欲望就可以。这种欲望往往处于潜伏状态，或者消费者自己没有意识到有这种欲望——想必生活在计划经济下的苏联特工就没有从杯子中获得美的享受的欲望，或者有某种欲望却不知如何去满足。"刺激"就是用产品去激起消费者的潜在欲望，或者让消费者知道如何去满足某种欲望。

产品要能"刺激"消费者，必须有自己的特色。苏联计划经济下生产的那种千篇一律的杯子，绝对不能刺激消费者，购买是无可奈何而已。当意大利的杯子以造型和图案与苏联的杯子完全不同时，这位特工潜在的爱美欲望就被刺激起来了。我们把苏联杯子与意大利杯子在造型与图案上的差别就称为产品差别。产品差别是同一种产品在外形、包装、质量、品牌及服务等细微方面的差别。但别小看这种看似微不足道的差别，正是这种极小的差别"刺激"了消费者的购物欲望。只要企业能不断创造出无穷无尽的产品差别，就能刺激起消费者无限的欲望。

当然，要让"刺激"能成为"反应"，这中间还有一些中间环节。苏联特工在意大利一被"刺激"就有"反应"，但对长年生活在意大利的人来说，形形色色的杯子见多了，"刺激"未见得就有"反应"。要让"刺激"变为"反应"，中间就应该有让消费者认知、理解、判断这些环节。换言之，产品差别只有为消费者所接受才能使消费者做出"反应"。这个由"刺激"到"反应"的中间环节就是通过广告宣传让消费者认知、理解，并做出有利于企业的判断。"广告"这个词来自希腊文，原意是"大喊大叫"引起别人注意。企业做广告正是要通过"大喊大叫"引导消费者的认知、理解和判断的。企业如果创造了产品差别，并用广告把"刺激—反应"变为现实，内需能不增加吗？

计划经济下的生产并不是为了消费。记得20世纪80年代，经济学家提出"生产为了消费"这个马克思的论点时，还有相当级别的大人物指责为"资产阶级自由化"。苏联的生产就是要发展军备与美国对抗，实现赤化全球。消费品极少，连消费者有限的生理欲望都满足不了，当然也不用去"刺激"什么心理欲望了。这种状态下，企业只要生产出东西，无论好坏，有没有特色，都可以卖出去。物质短缺，卖方市场、企业也失去了创造产品差别、"刺激"消费者的能力。我们计划经济下的企业也大体如此。相同的经济体制得出的结论不会不相同。

如今转向市场经济这么多年了，短缺经济变成过剩经济，卖方市场变成买方市场，为消费生产也不专属于资产阶级了。但是企业缺乏"刺激"能力的状况并没有根本改变。一种现象就是谁生产了一种有特色的东西，其他企业就一窝蜂似的模仿，使这种东西很快就"臭大街"了。我们不少企业模仿能力极强，创新能力却没有，消费者不肯掏钱，内需不足，企业能没有责任吗？

不断用新的产品差别"刺激"消费者，企业可以获利，消费者得到满足，内需拉动，经济繁荣。这一举三得的事，企业为什么不去做呢？拉动内需，企业责无旁贷。

市场化扶贫

　　各国在市场化过程中都出现了收入差别扩大的现象。这使人们形成了一种思维定式：市场经济主张效率优先，这就会偏向拥有资源多的富人。尤其在市场化经济发展之初，一些人由于各种原因，会相对甚至绝对贫穷下去。只有在经济发展到一定阶段之后，由政府伸出"看得见的手"，采取各种收入再分配政策，穷人才会脱贫。美国经济学家库兹涅茨的倒"U"字形曲线讲的正是这个道理。

　　市场经济是穷人的天敌吗？"穷"是一部分人的必然命运吗？孟加拉国的经济学家穆罕默德·尤努斯并不这样认为。他从 1976 年起从事孟加拉国小额贷款的扶贫工作，使几百万穷人脱贫。他的扶贫法宝不是慈善式救济，而是让穷人有脱贫的能力。他的信念是："穷人应该能利用那个制度（指市场经济制度），以改善他们的命运。"他在自传《穷人的银行家》中论述了自己用小额贷款扶贫的历程，证明了市场化扶贫的可能性。

　　作为一位在美国受过教育并获得博士学位的经济学家，尤努斯相信市场经济制度。他说："我确实相信全球化的市场经济的威力与资本在市场上的威力。"这就是说，市场经济是一种好的经济制度。这种制度使个人得到解放，每个人都可以自由地做出选择。在这种制度下，每个人都可以通过利用个人的资源而获得不同程度的成功。这个道理同样适用于富人和穷人。因此，他反对输血式扶贫。他说："向失业者提供救济并非解决贫困问题的最佳方法。身体强健的穷人不想要，也不需要慈善救济，失业救济金只是增加了他们的不幸，剥夺了他们去做事的动力。而且，更重要的是，剥夺了他们的自尊。"

除了少数穷人由于残疾、天灾或人祸，需要救急之外，绝大多数穷人拥有自己的人力资源。他们完全可以运用自己的人力资源去脱贫。影响他们脱贫的原因来自三个方面。一是思想观念。不少人认为穷是能力差或不努力的结果，把他们的穷看成是必然的。这就使政府更加偏重于输血式扶贫，结果他们失去了信心，也失去了造血能力，甚至越扶越贫。要给穷人以信心，让他们相信，市场经济并不是他们的敌人，而是他们可以脱贫的制度保证。

二是制度性原因。有一些制度实际上阻碍了穷人靠自己的力量脱贫。我们不去分析户籍制度和由此引起的城乡二元化。这种制度的形成有其历史原因，要一下消除是不可能的。媒体曾报道一个农民进城卖枣受到各种制度限制，愤而把枣子倒进河里的事。其实这个农民完全可以靠自己种枣卖枣来脱贫，但现行的治安管理制度不让他这样做。对农民进城卖枣限制的制度绝不符合市场经济的原则。城市应该有治安管理，但这种管理不应该成为农民靠自己的努力脱贫的限制。再如国内也曾有人进行过小额贷款工作，并取得了初步成功，但后来因为被指责为"非法融资"而停止了。市场经济的确需要管理，但我们为什么不在设计这种制度时给穷人用自己的努力脱贫留个活口呢？只要设计得当，且实行人性化执法，管理好这个社会与让穷人自谋出路之间并不矛盾。

三是穷人需要培养造血能力的帮助。许多穷人缺的不是包括技能在内的人力资源，而是运用人力资源的资金。小额贷款正是穷人最需要的。尤努斯的小额贷款处处为穷人着想，不要抵押品、团体担保或连带责任，甚至不是让穷人来求他们，而是他们主动把贷款送给穷人。如今这种小额贷款的扶贫方式已经在亚洲、非洲、拉丁美洲的许多发展中国家得到推广，并取得了成功。当然，我们还可以有其他培养穷人自我造血能力的方式，如教育与职业培训、无偿提供就业信息、组织他们有目的地流动，等等。

我们说的市场化扶贫有两个特点。一是扶贫并不是单向的，结果是双赢的。尤努斯就是一个成功的例子。他进行小额贷款使数百万人脱贫，在这一过程中他的事业也获得了成功。在进行小额贷款7年后他建立了以此为主业的格莱珉银行。如今这家银行年贷款5亿美元，已发展为一家有若干企业的集团。市场化扶贫是按商业化的原则办事，给被扶贫者以脱贫的能力，给扶贫者以商业利润。这种扶贫实际是一种双方互利的交易。只有依靠市场机制才能做到这一点。

二是市场化扶贫不能由政府主导或政府亲自进行。政府的任务是帮助那些没有能力自己脱贫的人（如失去工作能力的残疾人或老年人），市场化扶贫要由私人企业进行，世界银行扶贫的失败是政府机构无法让穷人脱贫的例子。尤努斯在从事小额贷款中就坚持了不让政府参与的做法。20世纪80年代中期，世界银行在云南试验小额贷款，起初小有成效，但由当地政府接管之后就无迹可寻了。市场化扶贫的成功与否不在于政府亲自做什么，而在于允许人们去做什么。

扶贫是中国的一项战略任务，在政府建立社会保障的同时也应该放手让市场去做点什么。读一读《穷人的银行家》，你肯定会有更多好主意。

创新从制度开始

在媒体对"创新"铺天盖地的宣传中，我感到了转型时期的浮躁。

"创新"被提到了至高无上的地位，但是现实中有什么让人引以为傲的成果呢？中国自然科学奖一等奖评出来的吴文俊和黄昆的成就都是他们50年前在国外创造的，以后就只有空缺了。中国的科学论文数量并不少，进入 SCI 的也不少，但在日新月异的科学发展中又有多少重大科学成果是国人在国内创造的？媒体津津乐道的破解"庞加莱猜想"，其实国人只是做了一点最后的补充工作，何况国外也已经做了。至于科研成果的运用，那就更不好意思了。媒体报道过高校的科研成果转化为生产力的仅 10%。不管这个数字的真实性如何，现实的情况是在超过 10% 的经济增长中，增长方式并没有发生根本性变化。现实依然是投资数量的增加，依然是低成本、低价格的低档产品。

认识与行动之间，理想与现实之间，为什么有这么大的反差？是什么让聪明的中国人在科学的突破上难以有所作为？是什么阻止了科研成果变为财富？或者说，我们的创新中还缺少了什么不可或缺的东西？

我们平常总爱说"科技创新"，其实这种说法混淆了两个相关而又不同的概念：科学与技术。科学是指数学、物理、化学、生物这类基础学科。科学中的发现与发明并不能给收获这类成果的科学家带来直接的经济效益。这些成果是人类共同的财富。技术是科学成果的应用，把这些成果引入经济生活中变为财富。在严格的意义上讲，创新正是把科学中的发现与发明变为财富。科学进步的动力可以是现实需要，也可以是人对未知世界探索的兴趣。技术创新的动力则是经济利益。当然，这两者之间密切相关。科学是基础，技术是运用。一个科学落后的国家，很难有什么原创性的技术创新。但它们又有自己不同的发展机制。

无论是科学也好，技术也好，都属于操作层次上的。在此之上还有更重要的东西，那就是制度。在产业革命之前，人类也有许多科学和技术成果，但今天影响人类进步的重大科学与技术创新都发生在产业革命之后。引起这种突变的是社会制度变革，即市场经济制度的建立。市场经济是近代科学与技术进步的制度保证。中国人聪明而勤奋，但几千年的封建社会中，科学上没有什么重大建树，技术上的四大发明也没有成为带来财富的创新。究其原因，还在于没有出现市场经济制度。中国真正走向市场经济的历史也才不过三十年。经济制度的落后引起科学、技术和经济的落后，这是一种历史的必然。

历史是不能改变的，说什么都没意义了。问题是为什么在转向市场经济的今天，仍然缺乏让我们骄傲的科学成果和实现经济增长方式转变的技术创新呢？我想这仍然要从制度上去寻找根源。我们的市场化改革还远远没有完成，在各个领域的进展也并不平衡。在经济中的物品和劳务市场，以及生产要素市场上，市场化程度高一些，尤其是私人经济的发展市场化程度最高。但在教育、科研这些领域，市场化的进展要慢得多。有人把教育称为"计划经济最后一块领地"，其实科研部门也强不了多少。教育与科研的市场改革，并不是以利润为引导，一切向钱看，而是按市场经济的规律来办教育、发展科学事业。我们来比较计划经济下和市场经济下的科学事业。

计划经济的核心特征是政府（代表政府的是官员）掌握所有资源，并决定资源配置。把这个原则用在科学事业上就是，研究什么、由谁研究、如何研究是由并不懂科学的官员决定的。官员也会听取科学家的意见，但仅仅是听，采用不采用是另一回事，决定权在官员手中。即使是科学家当了官，他进入官场后也会"异化"为官。我们不能说这种计划经济的科研体制一无是处。毕竟我们在这种体制下还有了"两弹一星"这样的成果。苏联也是靠这种体制在军事、空间科学等方面取得了举世瞩目的成果。但政府控制的行政方式，毕竟不是发展科学的最好选择。计划经济各国的科学水平总体上落后于市场经济各国为这个结论提供了证据。

转向市场经济之后，这种计划经济的科研体制并没有发生实质性转变。研究什么、科研资金给谁，仍然用行政方式决定。决定科研项目与资金的国家自然科学基金等机构并不少，但无一不是行政单位，或由某个行政单位直接领导。尽管也有科学家参加，但有最终决定权的还是这些单位的领导。在这种决策体制中，起作用的都不是科学，而有些是官场潜规则。这就出现了三种与科学发展不一致的现象。一是官位高的学术权威（特别是有院士头衔）可以得到更多资金。他们中的少数人被媒体评论为凭名气与地位拿项目并雇人干活的"科研包工头"。二是要搞平衡，方方面面都必须照顾到。有限的科研经费被当成胡椒面撒下去，能做成什么事呢？三是官场就难免有腐败。臭名昭著的"汉芯事件"透露了科研中的黑幕。这内幕有多黑，我们尚不得而知。因为涉及"汉芯事件"的人不过关的并不多。这三种现象哪一种能促进科学事业？哪一种不是把官场规则用到科研中的恶果？

这种行政体制中又有了一点转型经济中浮躁的特色。体现在科研成果的评价体系上。像以GDP评价官员一样，也用数量来评价科研人员。数量成了获得项目、资金、晋升的依据，就有造假、剽窃。在这种浮躁的气氛中我们还能出陈景润、吴文俊、黄昆、王选吗？

就创新而言，比科研更重要的是运用。市场经济中运用科研成果进行创新的动机是经济利益，主体是企业，制度保障是专利法。这就是说，企业为了利润最大化把科研成果转变为产品，并推向市场。他们承担创新的风险，也获得创新的收益（超额利润）。政府所做的仅仅是用专利法去保护企业创新的利益，而不是亲自去创新或指定什么企业去创新。当然，政府可以支持或协调对整个经济有重大意义的创新，但主体仍是企业，政府不可越位。

缺乏一套市场化的创新体系首先在于我们缺乏有创新愿望与能力的企业。那些国有特大型企业可以凭借行政性垄断地位获得大量利润，哪来创新的动力？何况它们又不独立，也难以做出创新决策。民营企业受各种限制，至今仍是没长大的孩子，想创新也是"心有余而力不足"。其次，企业创新的市场环境也不好。专利保护有法而难实施，已经是老生常谈了。金融市场尚未开放，企业创新所需的资金由何而来？但政府在创新中关心的大概并不是这些，而是如何亲力亲为。一个例子是最近指定了若干企业作为创新的国家队。谁成为创新的主力要由政府指定吗？如果美国当年用这个方法，微软是无法入围的。

创新，我们最缺的不是资金和人才，而是促进创新的制度。制度的供给者是政府，我们改革的推动者也是政府。中央一再指出，改革的关键在于政府职能的转变。这一点同样适用于中国科学的发展和实现经济增长方式转变的创新。使创新由口号变为行动的是制度创新。

走在政策变动之前

- - - - - - - - - - - -

央行宣布加息之后，各路理财专家活跃起来了。有的为你分析存款是否应该转存；有的建议你购买债券选短券、弃长券；有的让你选择固定利率房贷，等等。这些都是有效的理财方式，但又都是"马后炮"。人人都想把长期债券抛出去，争相购买短券，长券价格下降，短券价格上升，你有什么收益呢？银行发放房贷是为了利润最大化，加息了你想改为固定利率，人家干吗？

这世界是一个未知的、充满不确定性的世界。家庭理财正是在这不确定的世界中实现财产的保值和增值。如果一切都尘埃落定，没有不确定性，也没有风险，人人都知道怎么做，你的理财会有多大收益？学会在不确定的世界中理财，才能回避风险，或者利用风险。这就需要对未来进行预测，并根据这种预测来选择不同的理财方式。当你知道未来即将加息时，在央行未宣布加息之前抛出长券、收购短券，理财才会成功。同样，在加息之前有固定利率和浮动利率可供选择，你才可以根据自己对未来利率的预测进行选择。不关注未来的变动，仅仅在变动出现之后忙于应对，永远是家庭理财的"初级阶段"。

在这不确定的世界上，能引起风险的事件极多，从世界经济走势、国际冲突，到汇率变动、自然灾害发生，无一不影响家庭理财决策。当然，如果一定要对这大大小小可能发生的事件都做正确的预测才可以进行家庭理财，那就没有人敢理财了。对我们普通老百姓而言，进行家庭理财最重要的还是预测短期中宏观经济政策的变动。比如，在近期内央行会不会调整利率或汇率，会调整多少，等等。然后，再根据这种预测做家庭理财决策。只要预测大体正确，理财就能成功。但是，如果人人预测都正确，都做同样的理财决策，这就与人人都不预测，或者人人都预测错误，没什么差别了。只有别人没有进行预测，或者别人都预测错了，你才能成功。用个比喻说，人人都预测今天要下雨，出门带了伞，你的伞就卖不出去。只有大家都不知道今天有雨，唯独你知道，你才能卖伞赚钱。

如何在别人不进行预测，或者做错误预测的情况下，做你的正确预测呢？这不仅需要你有点悟性，而且需要你有点宏观经济学和宏观经济政策的知识，并密切关注宏观经济变动。

宏观经济政策并不是决策者为所欲为，或者灵机一动拍脑袋决定的。它有一定的规律，宏观经济学讲的正是这种规律。政府用宏观经济政策调节经济的目的是实现经济稳定。也就是让经济既不过热，出现通胀或存在通胀压力；又不过冷，出现衰退与通货紧缩。如果由市场机制自发调节，经济出现或冷或热的波浪式发展就是正常的。政府的宏观调节就是在经济过热或出现通胀苗头时采用加息这类紧缩性政策，在经济过冷或出现衰退的苗头时采用降息这类扩张性政策。各国政府都根据这个原则来对宏观经济进行调控。

根据这个规律，你就可以理解为什么央行加息了。中国的经济连续多年实现了高增长。经过调整，2005 年 GDP 增长达到 10.2%，2006 年上半年又达到 10.8%。这种增长率正常还是偏热呢？根据大多数经济学家的看法，中国适度的增长率在 7%～9%。低于 7%，存在衰退，高于 9% 就出现了过热。也正因为如此，大多数经济学家认为，这属于经济过热。而且，这种高增长是由固定投资增加和出口增长带动的。尤其是固定资产增长过快已引起一些行业出现了产能过剩。为了抑制经济的过快增长和固定投资增加过多，使经济在稳定状态下运行，采取紧缩性政策就是必然的结果。关于经济过热的情况，媒体常有报道，经济学家也有分析。如果你关心宏观经济走势，就不难得出加息势在必行的结论。根据这种预测，在央行尚未宣布加息之前调整家庭理财的方式，理财不就成功了吗？

在经济中，利率的变动是极为重要的。它不仅影响存款与贷款，还要影响股市和汇率。一般而言，利率与股市价格反方向变动。加息会引起股市下跌，降息会刺激股市上升。所以，当你把股市炒作当作家庭理财的一种重要方式时，一定要通过预测利率的变动来决定在股市上抛还是进。利率也影响汇率，通常是利率上升，汇率也上升，利率下降，汇率也下降。如果你持有外汇，或想通过外汇买卖来实现家庭理财，也必须考虑利率与汇率之间的关系。当然，在中国目前市场经济尚不完善、股市运行并不规范、汇率还没有放开的情况下，利率对股市和汇率的影响还是有限的。但随着中国经济市场化程度的不断提高，利率、股市以及汇率之间的关系对家庭理财会越来越重要。

根据宏观经济状况来判断宏观政策的走势，或者说预测央行会加息还是降息是家庭理财决策的基础。只要能正确判断宏观经济状况，预测就不难。难是难在对宏观经济状况的判断上。我们老百姓并不是专家，而且专家也会由于信息不充分或其他原因而作错误判断，我们该如何判断宏观经济状况呢？

首先要关注国家统计局发布的统计数字。例如，GDP 增长率、CPI（消费物价指数）、固定资产投资增长率、出口增长率，等等。这些数字很容易获得。要注意的是专家对这些数字的解释。例如，这两年 CPI 并不高，但专家指出由于 CPI 中所选的商品种类与各种商品所占的权重，CPI 实际上低估了通货膨胀率。

其次是主管经济工作的领导，如央行领导，有关经济问题发表的讲话。他们作为官员公开讲的代表了政府对经济状况的分析。他们又是宏观经济政策的决策者。因此，他们的讲话中往往含蓄地表达了政府的政策意向。

最后还要关注经济学家对宏观经济的讨论。他们的言论也许不一定全面、客观，他们相互之间的看法也不一致。但是那些对政府宏观经济政策有某种影响的经济学家的观点还是值得我们注意的。

这样去进行家庭理财也许会累一些。但如果不这样做，走在政策的前面，人云亦云地去理财又有什么好果子呢？

皮洛斯的胜利

2005 年金秋十月，当以色列经济学家奥曼和美国经济学家谢林获得诺贝尔经济学奖时，南京城里，国美和苏宁正打得难解难分、硝烟弥漫。奥曼和谢林获奖是因为他们运用博弈论为走出冲突设计出了求解之道，南京的价格战是非要打个你死我活。一边是双赢，一边是两败俱伤。同样的冲突，结局却不同。

并不是所有的冲突都可以化解。在价格竞争中，这种情况也不少。20世纪初，美国汽车工业是一个暴利行业，厂家有 400 家之多。福特先挑起价格战，没有和解，没有让步，一路打下去才有了福特、通用、克莱斯勒这三家巨头，才有了强大的美国汽车工业。由于生产技术特点，汽车企业只有做大才能做强。汽车行业是一个典型的寡头行业，那些达不到规模经济的企业应该被消灭、被兼并。但没有一家企业自愿退出，这就只有走对抗竞争之路。而且，福特之所以敢挑起这种对抗是因为它有实力。福特发明了自动装配线，又对工人实行效率工资，生产效率远远高于其他中小企业。生产效率的优势使它稳操胜券。

当生存竞争的规律要求优胜劣汰，而且优者有明显优势时，解决冲突的方法当然是把打击坚持到底。这个过程对被淘汰者有一点残酷，但自然规律无可奈何。

但历史与现实并不全是这样，有时和解比对抗更有利。当年英国资产阶级和王室达成和解，成为英国产业革命的制度保证，才有了以后的大英帝国。法国的资产阶级消灭了王室，但这种成功又给法国社会带来多少进步呢？有时，力量稍强的一方胜利了，也是"皮洛斯的胜利"。

皮洛斯是古罗马的一位国王，他在一次双方实力相当的战斗中胜利，但也损失大半精锐部队。皮洛斯望着横尸遍野的战场，感叹地说："再有一次这样的胜利，我就完蛋了。""皮洛斯的胜利"就成为代价巨大的成功的代名词。

不过"皮洛斯的胜利"总算还是胜利，如果双方实力相当，连"皮洛斯的胜利"都没有，结果岂不是双方都很惨？我看国美与苏宁就是这样。国美与苏宁分列全国家电零售业的第二、第三位，可以说实力相当。就企业的管理效率而言也是在伯仲之间。而且，南京又是苏宁的总部所在地，苏宁当然要对抗到最后一兵一卒。国美何苦挑起这场价格战呢？双方死拼硬打，售出的电器价格甚至打到五折。没有完善的制度，没有一流的物流、资金流调配体系，只能靠压低供给商的进货价，收取进店及其他费用，或拖延还款。这种两伊战争式的打法，最后只有两败俱伤，连皮洛斯国王还不如。

人类社会的许多冲突正是这种谁也灭不了谁、谁也无法获胜的状况。小的如国美与苏宁这样的价格战，大的如美国与苏联的军备竞赛、如今仍看不出希望的巴以冲突。国美与苏宁最后不会有赢家，美苏军备竞赛浪费了资源，巴以冲突是两个伟大的民族都在流血。奥曼和谢林正是在努力寻找化解这种冲突的出路。

博弈的目的不是与什么都斗就其乐无穷，而是为了共赢。化解冲突，走出对抗当然是要通过谈判来实现。谈判的起点是达成共识。这就是双方知己知彼。比如，在价格战中双方都会知道，我降价，对方也会进一步降价。这样双方你来我往地降下去，最后低于成本时，不就是双方共亡了吗？如果能达成这种共识，双方就有了通过谈判而和解的愿望。由愿望变为现实就只有一步之遥了。无论是价格战、国际冲突，还是其他博弈，都不是斗气，不是匹夫之勇，作为理性行为者应该在无益的对抗中达成这种共识。

在双方的谈判中当然要有妥协。实现共赢都要付出一定的代价，不过这种代价比对抗到底要低得多。双方付出多少代价取决于各方的实力。不过谢林的研究证明，并不是力量强的一方逼迫力量弱的一方做更大让步。恰恰相反，是弱的一方往往比强的一方有优势。这就是我们通常所说的"光脚的不怕穿鞋的"。在这种情况下，强的一方要主动做更大让步。因为谈判失败，强的一方损失会更大。在巴以冲突中，以色列政府顶住了国内右翼势力的压力，主动退出加沙地区，正是一种让步。一些亿万富翁在与弱势群体的冲突中不愿意做让步，执意对抗到底，最后玉石俱焚，谁的损失更大？

当然，奥曼和谢林的博弈论还有更为严格的推理和更丰富的内容，否则何以能获诺贝尔奖？但他们的理论并不是"看起来很美"，是有现实意义的。明白化解冲突实现共赢的道理，再去学学奥曼和谢林告诉我们如何谈判，应该付出什么代价，你在打价格战和冲突中突会理智得多。国美和苏宁的老板们也许无暇关心奥曼和谢林，但这两位学家者的贡献的确与他们相关。

企业家的社会责任

　　一位吉林农民的女儿患先天性心脏病，无力医治，急中生智，向他听说的富豪施正荣等六人写信求助，让他们献爱心。这本来是现实中并不少见的事。有困难向本不相识的富人求助，富人接到这样的求助也不鲜见，捐不捐钱是个人的事。

　　但一旦媒体介入这件事情，性质就完全变了。在当前贫富差距扩大，社会弥漫着仇富情结的情况下，被求助的富人就面临着强大的压力。基于这种压力，这些富人做了积极的回应。这在本质上与富人遭到绑票，不得不拿出钱一样。无非这次形成威胁的不是刀枪的暴力，而是舆论的暴力，不是肉体生命的拷打，而是道德声誉的拷打。我把这种做法称之为"道德绑票"，是对舆论暴力的滥用。一个和谐社会不能容忍这种道德暴力的存在。媒体利用自己控制的舆论工具"拷打"富人，逼他们进行捐助，是对富人人权的侵犯。这种做法只能助长不利于社会和谐的仇富情绪，而无助于社会进步和共同富裕，也无助于鼓励富人用财富回报社会。用暴力绑票与用道德绑票在实质上都是一种对富人的威胁行为。此风绝不可长。

　　在现代法治社会中没有人敢公开赞扬水浒英雄或佐罗们的暴力绑票行为了。但从网民的反应看，对这种道德绑票的支持者还颇多。这里的原因除了仇富心态与对穷人的同情外，更多的还是对企业家社会责任的误解，似乎富人赚了钱不拿出来捐给社会和穷人就是"为富不仁"，应该全民共讨之。

企业家的社会责任是什么？早在几十年前，美国经济学家弗里德曼就回答了这个问题：企业家就是在守法和保持道德底线的前提下实现利润最大化。正如医生的社会责任是救死扶伤，教师的社会责任是教书育人一样，企业家的社会职责就是做好企业，做好企业的标准是利润。在市场经济中，每个人的个人责任与社会责任是一致的，做好自己的事就同时履行了自己的社会责任。"天下兴亡，匹夫有责"，这个"责"就是做好自己的事。离开自己的本职工作去谈社会责任，一心要去救国救民，其结果往往是害国害民。那些农民起义领袖不好好种地，却要救天下苍生于水火之中，结果除了救他们自己外，给人民带来了什么？

当企业家遵守法律，保持道德底线去为利润而做好企业时，他们就是在履行社会责任。他们为了利润最大化就要向社会提供更多、更好的产品，人民的物质与精神生活水平提高了，社会财富也增加了。他们把利润用于投资，企业越做越大，就业人数增加了，交给政府的税收也增加了。当然，在这一过程中，他们自己也富起来了。他们个人的财富也具有两重性。一方面属于他们私有的财富，但另一方面也是整个社会财富的一部分。社会财富并不仅仅是由政府支配直接为社会提供公共服务的财富。社会财富是分别属于个人、社会组织（集体）和政府的财富之和。富人无论是把他们的财富用于个人消费或投资，都造福于社会。把富人的个人财富与社会财富对立起来在理论上是错误的，在实践中是有害的。

中国经济还不够发达，企业的实力也还不强。企业家的社会责任就在于把企业做大做强，带动我们整个经济的强大，带动更多的人实现共同富裕。企业家在自己致富的同时就实现了自己的社会责任。

我们承认有少数企业家是靠压低工人工资、苛待工人、官商勾结，或用不正当手段致富的。但这并不属于社会责任问题。这些人不是没承担社会责任，而是违法或缺德。而且，这少数人也不能代表整个企业家集体。借少数富人的不良行为宣扬为富不仁，为暴力或道德绑票辩解是极其危险的。绑票是用某种手段去威胁他人，无论用暴力或舆论，即使对少数的确为富不仁者，也是犯罪行为。

在一些人看来，社会责任就是捐助，这是一种误解。企业家作为富人有捐助的义务，但这种义务仅仅是一种道德层次的更高要求，并不是必须履行的义务。一个人有钱而不愿捐助，你可以骂他"一毛不拔"，但他并没罪，你也没有权力用暴力或舆论逼迫他捐助。他一毛不拔是道德层次上的缺失，你对他绑票威胁是法律上的犯罪。

当然，我们从道德的层次希望富人有爱心，把自己的财富捐给社会和那些需要帮助的人。但这要有一个过程。富人有一个道德不断提高的问题。只有他们在致富之后道德得到升华才会有真正发自内心的捐赠意识，才会有大量捐助。想用舆论去逼迫他们捐赠，其结果适得其反。今天媒体帮助吉林农民逼迫富人捐助，也许会有效，如果以后这成为让富人捐赠的常规武器，这天下岂不要乱了吗？即使富人有了捐赠意识，由媒体帮个别人逼迫富人也不是人间正道。捐助要有一套制度，成为规范化的组织行为，而不是这种困难者求助，媒体运用舆论武器，富人捐钱的模式。

和谐社会包括富人与穷人之间的和谐。这种和谐不能通过绑票式的均贫富来实现。和谐要靠经济发展，企业家的社会责任只在于做好企业。

克鲁格曼的预言

1994 年，美国经济学家克鲁格曼在《外交》杂志上撰文，指出东南国家的高速经济增长是没有牢固基础的"纸老虎"，迟早要崩溃。其原因在于这些国家的经济增长是由投入（劳动与资本）增加带动的，缺乏技术进步。此论一出，引起许多人士，尤其是东南亚人士的激烈反对。不幸的是他说对了。1997 年，东南亚金融危机的爆发引起这个地区的严重经济衰退。至今经济学家对这个事件仍然众说纷纭。但有一点已为所有的人所接受：没有技术进步就没有持久而稳定的经济增长。

经济增长是人类社会生存与发展的基础。自从经济学产生以来，经济学家就关注经济增长问题。经济学的奠基人亚当·斯密研究的国民财富的性质与原因就是增长问题。在这些年的研究中，经济学家把经济增长的原因归为三类。一是制度，这就是经济学家常说的"路径依赖"。其中心意思是只有有一套有效的激励机制才会有迅速的增长。二是投入，主要指劳动与资本的增加。早期的经济增长往往是由投入增加引起的。因此，早期经济增长理论往往强调投入增加，尤其是资本增加的重要性。三是技术进步。这是现代经济增长理论所关注的问题，也是经济增长的中心。

经济增长过程的一个特点是生产率的提高。亚当·斯密把生产率的提高归因于分工和资本积累。分工和资本积累引起的人均资本增加提高了生产率，这其中包含了技术进步。但明确把技术进步作为增长重要因素之一的是美国经济学家索洛提出的新古典经济增长模型。

新古典经济增长模型把决定增长的因素分为劳动增加、资本增加和技术进步。美国经济学家肯德里克等人在此基础上估算了劳动、资本和技术进步对增长贡献的大小。根据这一估算，技术进步在增长中的作用占一半以上，即经济增长率中有一半以上是由于技术进步所引起的。经济学家把技术进步确定为包括知识进展、资源配置改善以及规模经济等。

这种分析引起人们对技术进步的关注，但新古典经济增长模型有一个重要缺点，这就是把技术进步作为增长模型的外生变量。在计算技术进步对经济增长的贡献时，仅仅是把它作为一个"余量"。这就是说，根据生产函数，计算出劳动增加和资本增加对经济增长的贡献，余下的就是技术进步的贡献。例如，经济增长率为3%，如果劳动增加引起0.5%的增长率，资本增加引起1%的增长率，余下的1.5%就是技术进步所引起的增长率。这种分析实际上割裂了劳动、资本、技术进步在增长中的内在关系。

20世纪80年代之后出现的新增长理论把劳动、资本和技术都作为经济增长模型的内生变量，从而深入分析了它们之间的关系，解决了一些重要问题。例如，根据传统的理论，资本的边际生产力递减，即随着资本的增加，产量在增加，但增加的比率越来越小。然而现实中并没有出现这种现象。原因是什么呢？新增长理论解释了这一点。简单来说，资本增加不是量的简单增加，而是质的改变。这种质的改变体现了技术进步。例如，一个工厂的资本从10万增加到100万，并不是从一台牛头刨床增加到10台，而是用了一台先进的数控机床。如果仅仅是牛头刨床数量的增加，当然会出现边际生产力递减；但用了先进的数控机床，边际生产力不仅不递减，反而递增。这就解释了资本增加与技术进步的内在关系：资本增加是技术进步的条件，技术进步表现在资本质的变化上。同样，劳动的增加也不是人数或工时的增加，而是人力资本的增加。人力资本的增加同样体现了技术进步。

经济学家们建立了不同的新经济增长模型。这些模型从不同角度分析了资本、劳动、技术之间的内在关系，说明了技术进步在经济增长中的中心地位。这一点已得到公认，并指导各国经济增长政策的制定。

克鲁格曼之所以认为东南经济增长是"纸老虎"，就是因为这种增长来自劳动与资本的大量增加。仅仅依靠投入来增长，到一定程度就会引起劳动和资本的边际生产力递减，增长必然放慢，甚至衰退。克鲁格曼指出，东南亚经济增长中技术进步的作用不明显，没有起到应有的中心作用。这些国家与地区缺乏技术创新能力，即使像日本这样的经济大国，主要技术仍然是引进的，缺乏原创造性。像这样的增长，即便没有各种复杂因素引发的金融危机，也迟早要出问题。今天再读克鲁格曼的文章，不禁感到他的分析的确入木三分。

如果说东南亚经济衰退是新增长理论的一个反例，那么，90年代以来美国经济连续近十年的稳定增长则是一个正面的例子。尽管经济学家对个人电脑、互联网对增长的作用还难以作确定的定量分析，但这些技术进步对美国经济繁荣的贡献是无可否认的。

无论从理论还是实践上说，技术进步是增长的中心已无人怀疑了。21世纪将是技术突飞猛进的时代，占领技术制高点才有经济增长点。我们该怎么办就一目了然了。

初读克鲁格曼的文章时总让我们感到有点不快，似乎他总和咱亚洲人过不去。可是抛开感情色彩，冷静想一想他那冷酷的分析，你得到的启示一定不少。这也就是"良药苦口利于病"吧！

卢卡斯的辉煌与尴尬

1995 年是美国经济学家卢卡斯辉煌的一年，这一年他由于对理性预期理论的贡献而获得诺贝尔经济学奖。但这件好事也使他遇到一点尴尬。他与妻子在 1989 年协议离婚，妻子理性预期他会获诺贝尔经济学奖，提出如在 1995 年前获奖，分享一半奖金。他预期 1995 年前不会获奖，就答应了。结果理性预期大师的预期错了，为此而损失 50 万美元。理性预期大师的这个失误成为媒体爆炒的花边新闻，的确令卢卡斯尴尬不已。

当然，我们不能根据卢卡斯这点逸事而否认理性预期对宏观经济学的革命性作用。这种作用就在于：第一，科学地解释了预期的形成，使预期在宏观经济分析中起到重要作用。以前对预期解释缺乏科学性，从而使预期在宏观经济中没有发挥应有的影响。理性预期以信息为基础解释预期的形成，这就使预期成为一个可分析的概念。第二，使宏观经济学有了一个微观基础。在此之前，无论是凯恩斯主义也好，新古典综合派也好，宏观经济学都缺乏微观基础。理性预期学派意识到了这一问题，把对个人行为的解释作为宏观分析的基础。这是宏观经济学的巨大进步。现在所有的经济学家都承认这一点，就连坚持凯恩斯主义基本观点的新凯恩斯主义也力图在微观基础之上重建凯恩斯主义宏观经济学。第三，打破了宏观经济学中凯恩斯主义的主流地位。理性预期学派的前提是理性预期和市场出清。理性预期坚持了新古典经济学关于理性人的假设。市场出清坚持了新古典经济学关于市场机制完善性的假设。市场出清是指价格自发调节现实供求相等的均衡。正因为如此，理性预期也被称为新古典宏观经济学。他们的许多观点受到理论界的重视，对政策也有某些影响。现在的宏观经济学正是这两大流派平分秋色。

理性预期学派的宏观经济理论包括甚广，已成一个体系，包括总需求—总供给理论、货币理论、失业与通货膨胀理论、经济周期理论、经济增长理论，以及政策分析。这个体系的中心是不变性命题。这就是说，在理性预期时，产量总处于自然率水平，即潜在 GDP 的水平，失业总处于自然失业率水平，即使在短期中也不会背离。无论在长期还是短期中，产量与失业在其自然率时是不变的，无论采取什么政策也无法改变，这就是不变性命题。

不变性命题有三点重要含义。第一，引起产量和失业率背离其自然率的预期失误也许不可避免，但只能是短暂或偶然的。因为长期背离意味着预期的系统失误，而这与理性预期的概念是矛盾的。第二，任何稳定经济的政策都必然失败。因为经济主体会根据理性预期形成对策抵消政策效应。这就是我们常说的，"上有政策，下有对策"。第三，只有政府的信息比公众更多时（即政府与公众之间信息不对称时），才能使政策有效。这种情况短期中是可能的，但并不普遍，因为公众可以拥有与政府相同的信息。

可以用一个例子来说明这些含义。假设经济处于衰退中，政府要用扩张性政策来刺激经济。政府的目的是增加总需求，从而物价水平上升，实际工资下降，企业增加生产，GDP 增加，失业减少。但公众拥有政府作决策的信息，能理性地预期到扩张性政策引起的总需求增加和物价水平上升，于是他们要求提高工资作为对这种政策的对策。工资提高使总供给曲线向上移动，企业名义成本增加（即货币成本增加），实际利润不变。因此，在采取了扩张性政策后，由于公众根据理性预期形成的对策，尽管物价水平上升，但产量水平和失业率仍没有变。

那么，为什么在现实中政策有时也会起作用呢？这是因为政策随机地采取了扩张性政策，这种政策违背了正常规则，公众事先并不知道。或者说政府比公众拥有的信息多。在采用这种扩张性政策时，公众无法作预期，从而物价水平上升，实际工资下降，刺激了生产，使产量高于自然率，失业低于自然率。但这种情况只能是偶然的或暂时的。长期来看，公众不会犯系统的预期失误。卢卡斯说，你可以在一时欺骗所有的人，也可以在长期欺骗一部分人，但你不能永远欺骗所有的人。所以，这种随机政策变动只是靠欺骗公众起作用，属于鲁迅先生说的"捣鬼有术也有限"。长期来看，这种政策不仅不能稳定经济，反而会成为经济不稳定的外部冲击之一。

由不变性命题可以看出，理性预期学派是反对国家干预的。这就是说，在市场机制的自发调节之下，理性的经济主体会作理性预期，并以此为据作正确决策。这样，市场机制就可以实现市场出清。政府应该做的不是用随机性政策干预经济，而是取信于民，把自己决策的规律告诉公众，以便他们作理性预期。这才是经济稳定的人间正道。

卢卡斯尽管对自己何时获得诺贝尔经济学奖做了错误预期，但这并不等于他的理性预期理论不对。新闻界爆炒这个花边新闻，其意也不在于否定他的理论，只不过要给这本来不平静的世界增加一点刺激，开个玩笑而已。许多经济学家，包括新凯恩斯主义经济学家，对卢卡斯的许多理论也有不同看法、争论。但他们对理性预期在深化宏观经济分析中的重要作用都给予高度评价。卢卡斯在 1995 年获得诺贝尔经济学奖可谓众望所归。

经济走在钢丝上

只要分析一下美国在 20 世纪 90 年代的经济政策，你就会发现，经济政策并没有固定的规则，是随经济形势的变动而变动的。这种规则正像一首歌中唱的"月亮走，我也走"。如果你把"月亮"理解为经济形势，把"我"理解为经济政策，这首歌词就准确地表述了反馈政策的规则。

根据凯恩斯主义的解释，宏观经济政策的目标是平缓经济周期，实现物价稳定与充分就业。在短期中，当总供给既定时，经济状态取决于总需求。总需求大于总供给引起通货膨胀，总需求小于总供给引起失业。经济政策的中心就是使总需求等于总供给。这样，当总需求大时，采用紧缩性政策，在总需求小时，采用扩张性政策，就是显而易见的。反馈规则应该天经地义。而且，战后这些年运用反馈规则的政策也的确减少了经济周期性波动的程度。

但是也有许多经济学家反对这种反馈规则的政策。反对者的第一个理由是，反馈规则的目的是实现充分就业。从理论上说，当生产达到了潜在GDP，失业率为自然失业率时就实现了充分就业。但现实问题是，一个经济的潜在 GDP 应该是多少，自然失业率应该是多少。潜在 GDP 由资源和技术状况决定，但至今没有一种定量的准确确定的方法，也没有计算出一致公认的正确数字。更何况资源与技术总在变，要计算出动态的潜在 GDP 更不容易。自然失业率是消灭了周期性失业的失业率，但具体数值是多少，也众说纷纭。如果这两个标准无法确定，政策对什么做反馈呢？假设把美国某一年的潜在 GDP 确定为 7 万亿美元，自然失业率确定为 3.8%，而实际上潜在 GDP 是 7.5 万亿美元，自然失业率为 3.5%。当实际 GDP 为 7.2 万亿美元，自然失业率为 3.6% 时，你的反馈是采用紧缩性政策。但由于计算失误，这种反馈政策不是反而阻止经济实现充分就业了吗？

第二个理由是，任何一种政策都有时滞，即认识到需要采取政策和政策发生作用的时间间隔。这种时滞分为做决策的内在时滞，和政策发生作用的外在时滞。一般来说，财政政策内在时滞长（总统和国会做一致决策需要的时间长），外在时滞短（一旦实行政策会马上拉动总需求）。货币政策内在时滞短（美联储做决策快），外在时滞长（在政策实施后要 6～9 个月才会发生作用）。

在有时滞的情况下，现在做的决策也许到发生作用时反到起了相反的作用。例如，注意到经济有衰退的趋势，反馈规则就是扩张性财政与货币政策。但在政策发生作用之前，经济已由于其他因素（如世界经济扩张，本国出口增加）走出衰退。这时扩张性政策再起作用，岂不是让正常的充分就业变为高于充分就业，引起通货膨胀压力吗？

第三个理由也与时滞相关。既然经济政策有时滞，所采取的反馈规则政策就必须有超前性。这种超前性取决于正确的经济预测。而每一个经济学家都知道，要做正确的经济预测实在太难了。尽管我们有复杂的宏观经济计量模型，有超大型计算机，也有许多经济观察与预测机构，但至今仍无法保证预测的正确性。像天气预报、地震预报这类自然现象都难以预测正确，何况涉及许多复杂因素的经济呢？恐怕在可以预见的未来，人类也难以做永远正确的预测。那么，预测不正确，根据预测做的反馈政策如何能正确呢？

第四个理由，影响经济政策的因素，不仅有经济的，还有政治的或其他的。不少经济学家提出，有时经济政策不是对经济形势做反馈，而是对政治需要做反馈。例如，在现任总统进行连选连任的竞选时，为了保持经济繁荣，争取更多的选票，即使已经实现了繁荣也不会采用紧缩性政策，甚至还要继续扩张。只有在当选之后或另一位总统上台时再用紧缩政策抑制通货膨胀。根据其他动机而做的反馈恐怕与经济形势的要求不一致。这时反馈规则就适得其反了。

说到底反馈政策是人运用的，人由于主客观原因难以避免反馈失误。这正是反馈政策规则难以克服的问题。

有人把反馈政策规则比喻为走钢丝。杂技演员走在钢丝上，向左歪了，向右偏一偏，向右歪了，又向左偏一偏，目的是要保持平衡。但这的确是高难度动作，稍不留神就会掉下去。杂技演员走钢丝总是有限度的，如果他永远走下去，恐怕最终要落下去。决策者根据反馈规则做决策也像杂技演员一样，膨胀了，紧缩一点；紧缩了，再扩张一点。但这条反馈规则的钢丝却是永远走不完的。总难免有失误的时候。回头看看过去走钢丝式的反馈规则政策运用的情况，有正确的时候，也有错误的时候。经济中这样走钢丝何时是头呢？

莫让病人吃错药

战后各国政府承担了保持宏观经济稳定的职责，它们根据凯恩斯主义实行反馈政策规则，逆经济风向行事。经济衰退时进行刺激，经济繁荣时进行抑制。这种政策力争对经济变动作及时反应，起过积极作用，但也有过失误。尤其是 20 世纪 70 年代高通货膨胀、高失业并存的滞胀，被认为是这种政策的恶果。于是，货币主义经济学家首先提出了固定政策规则。

固定政策规则就是无论经济状况如何变动政策始终按一个既定的原则不变。这就是以政策之不变来应付经济状况的万变。最著名的固定政策规则是货币主义领袖弗里德曼提出的简单规则货币政策。这种政策是，根据长期经济增长率确定一个固定的货币供给增长率，根据这个增长率增加货币供给量。无论经济是衰退也好，扩张也好，这个增长率都不变。弗里德曼根据美国 GDP 每年增长 3%，劳动生产率提高 1% ～ 2%，把货币供给增长率确定为 4% ～ 5%。保持这个增长率不变就是固定规则政策。90 年代中期，美国一些议员提出的平衡预算修正案，即无论经济状况如何，财政政策要保证预算平衡，也是一种固定规则，即财政政策的固定规则。

如果我们把反馈规则称积极主义——主动调节政策以对经济变动做反应，那么，固定规则则可以称为消极主义——政策只按一定规则行事，让经济自己去进行调整。因此，凯恩斯主义者一般奉行反馈规则，而新古典宏观经济学家则奉行固定规则。

固定规则的信念基础是市场机制调节的完善性。经济中发生各种随机性变动是正常的。但只要让市场机制发生作用，一定会自动恢复充分就业均衡。例如，出口减少引起总需求减少，GDP减少，物价水平下降，经济进入衰退。市场本身就会对此做反应。在名义工资不变的情况下，物价水平下降引起实际工资增加。实际工资增加就是收入增加，因此，国内需求增加。这种国内需求增加最终会弥补出口的减少，使总需求恢复到以前的水平，经济回到以前的充分就业均衡。只要经济中出现了打破原有均衡的变动，市场本身就会做合理的反应，从而自动恢复均衡。

其实市场经济是一个完善的调节体系，它有许多机制可以自发地起到调节经济的作用，而不用人为地做反馈。例如，财政政策的自动稳定器。财政政策中一些固定的规则实际上在自发地调节经济。税收的起征点和税率以及获得转移支付的标准是固定的。当经济扩张时，人们收入增加，交纳的税收自动增加，获得的转移支付自动减少，这就对经济起到了抑制作用。当经济衰退时，这种自动稳定器也会自发地刺激经济。这种自动稳定器产生于固定的规则，政府不用对经济变动做反应，它就在自动稳定经济。

尽管让固定规则发生作用需要的时间长一点，但它避免了反馈规则无法克服的弊病。在采用反馈规则时，要对经济状况做正确的判断和预测，而这一点是相当困难的。如果根据了错误的经济状况判断，那么，反馈规则的政策就不是在稳定经济，而是在加剧经济的不稳定性。人为政策失误引起的经济不稳定要比市场调节中的失误严重得多。用一个比喻来说，医生给病人治病是以正确的诊断为基础的，如果做不出正确诊断就下药，还不如静等病人依靠自身的抵抗力恢复健康。不了解经济状况而做反馈就像没有做正确诊断而下药一样危险。这时反馈规则的决策者成了"杀人的庸医"。

如果反馈规则的政策正确，当然可以使经济更快恢复正常，正如医生诊断正确，治疗才有效一样。问题在于反馈规则常犯错误。这正是固定规则支持者反对反馈规则的出发点。20世纪70年代初的衰退产生于石油价格上升的外部冲击，原因在于以前人们重视不够的总供给。但决策者错误地把这种衰退按传统思维方式归咎于总需求，运用刺激经济的反馈政策，结果不仅衰退没有结束，反而又引起通货膨胀，形成从未有过的滞胀。医生（决策者）做出了错误的诊断，病人（经济）吃错了药，病情（滞胀）当然加剧了。

在现实生活中，反馈规则有过失误，固定规则也有过成功。70年代末英国撒切尔夫人当首相之后采用了货币主义的固定政策规则，即固定了货币供给增长率，既抑制了英国严重的通货膨胀，又实现了80年代的经济繁荣。80年代美国里根政府也吸收了货币主义的固定规则政策主张。

近年来，越来越多的经济学家认识到，反馈规则和固定规则各有利弊，问题不应该是完全肯定一种规则放弃另一种，而应该是如何把这两者结合起来。当经济中发生某种重大冲击时，政策如果不做反应，会带来不利影响，这就需要适当的反馈。正基于这一点，美国经济学家大多反对固定规则的平衡预算修正案。但如果对任何经济变动都做反应，无规则可循，随意性太大，未必有利。最近美国经济学家泰勒提出的一个主张是规定名义GDP为政策目标，名义GDP既反映了生产增长，又反映了物价水平。把某种名义GDP增长率作为目标固定下来，然后用反馈的方法来实现。这种做法既有利于稳定，又减少了政策反馈的随意性。这种见解引起广泛赞同。

政策的运用是一门艺术。如何把反馈规则与固定规则结合起来，永远是政策艺术的主题。

其实鱼与熊掌不可兼得是指只用一种政策而言的，如果考虑到多种政策的配合运用就可以实现多种目标。但各种政策适用的范围不同，有利与不利影响也不同，如何把各种政策配合起来使用就是一门艺术。

海水之中有湖水

美国经济学界把宏观经济学中的两派之争称为海水边的与湖水边的（或咸水边的与淡水边的）经济学家之争。当然，他们之间的争论与水并没有关系，这样说只是指各派经济学家所在的地方。

海水边的经济学家主要指在哈佛大学、麻省理工学院和斯坦福大学的新凯恩斯主义经济学家，这几所学校位于大西洋和太平洋沿岸。湖水边的经济学家主要指在芝加哥大学和明尼苏达大学的新古典宏观经济学家，这两所学校位于五大湖沿岸。

这两派经济学家在分析长期中的宏观经济问题时并没有重大分歧，都认为长期中通过市场机制调节可以实现充分就业均衡；长期经济增长取决于由技术进步和资本积累决定的生产率提高；长期中的物价水平取决于货币数量的多少。他们的分歧主要在短期宏观经济分析和由此得出的政策主张上。

新凯恩斯主义经济学家认为，短期中市场机制的调节是不完善的，难以实现充分就业的均衡。具体来说，在劳动市场上由于工资黏性，劳动的供给不一定总等于需求。这就是说，工资的变动由劳动供求变动决定。但由于工资决定的制度等种种难以克服的原因，工资的变动慢于劳动供求的变动（即工资变动有滞后的黏性）。当工资不能随劳动供求变动而迅速变动时，劳动的供给可能大于或小于需求，从而出现失业或超充分就业。例如，当劳动需求减少时，工资不能迅速下降，这时劳动的供给大于需求，就有失业。

在物品市场上，由于价格黏性，物品的供给不一定总等于需求。这就是说，价格的变动由物品供求变动决定。但由于变动价格有代价，价格的变动慢于物品供求的变动（即价格有滞后的黏性）。当价格不能随物品供求变动迅速变动时，物品的供给可能大于或小于需求，从而出现衰退或繁荣的经济周期。例如，当物品需求减少时，价格不能迅速下降，这时物品的供给大于需求，就出现衰退。在资本市场上，由于信息不对称存在信贷配给，这时利率也无法使资本市场总保持均衡。

这种短期中市场调节的不完善性引起经济周期波动与失业。因此，为了稳定经济，政府必须用经济政策调节经济。简而言之，新凯恩斯主义是主张国家干预经济的。

新古典宏观经济学家认为，无论在短期还是长期中，市场机制的调节是完善而及时的。因此，总能实现充分就业的均衡。他们把这种状态称为市场出清。具体来说，在劳动市场上工资是有伸缩性的，随劳动供求关系的变动而迅速变动，使劳动市场处于供求均衡的状态。在物品市场上价格也能及时调整供求，实现了充分就业均衡。同样，在资本市场上利率的调整使资本市场均衡。市场机制是完善的，引起经济周期的不是市场机制调节的滞后，而是外部冲击（如70年代石油价格上升）或政府政策的失误（如60年代美国刺激总需求的政策）。因此，保持宏观经济稳定的方法是让市场机制充分发挥作用，而不是政府的干预。简而言之，新古典宏观经济学是主张自由放任的。

整个宏观经济学的历史就是国家干预与自由放任这两个流派争论的历史，也正是这种争论推动了宏观经济学的发展。

现代宏观经济学是由英国经济学家凯恩斯建立的。面对20年代英国经济的长期停滞和30年代的大萧条，凯恩斯在1936年出版了《就业、利息和货币通论》（简称《通论》）。这本书论证了市场机制调节的不完善性是经济中周期性波动和出现失业的原因，提出了国家干预经济的主张。信奉这种思想的经济学家则被称为凯恩斯主义者。任何一个聪明人都不愿意在自己的名字后加上"主义"二字，凯恩斯本人就反对凯恩斯主义这种提法。凯恩斯主义是后人的提法。

战后，美国经济学家萨缪尔森、索洛、托宾等人发展了凯恩斯主义，使之适用于既有市场调节又有国家干预的混合经济。这些经济学家把新古典经济学的市场调节理论与凯恩斯的国家干预理论结合在一起，称为新古典综合派。其理论体系的代表作是萨缪尔森1948年出版的《经济学》第一版。70年代之前这一派的理论与政策主张是经济学的主流，所以又称凯恩斯主义主流经济学。

70年代的滞胀使新古典综合派面临困境。80年代之后则形成了新凯恩斯主义经济学。这一派坚持了凯恩斯国家干预的主张，但把宏观经济学建立在微观经济学的基础之上，使凯恩斯主义的理论更为深入。90年代克林顿政府就是以这一派的理论为依据来调节经济的。

即使在凯恩斯主义的全盛时期，也存在主张自由放任的经济学家。主张自由放任的经济学派战后首先是以美国经济学家弗里德曼为代表的货币主义。他们坚持货币在经济中的重要性和市场调节的完善性，被称为对凯恩斯主义的反革命。70年代之后又有以美国经济学家卢卡斯为代表的理性预期学派。这一派从市场出清与理性预期的假说出发证明了市场调节的完善性和政府干预的错误。80年代之后影响日益增加的是经济周期理论。这一派用外部冲击来解释经济周期，主张由市场对这些冲击作反应来实现经济稳定。这些主张自由放任的经济学家构成新古典宏观经济学。

这两派有对立也有一致，有争论也有互相吸收。无论它们的观点如何，都深化了我们对宏观经济的认识，改善了经济政策。海水之中有湖水，湖水之中有海水。这正是当前宏观经济学发展的特点。

经济不玩过山车

到过游乐场的人大多玩过过山车，一会儿猛冲上去，一会儿又狂掉下来，十分刺激。经济有时也像过山车，一会儿迅速扩张极其繁荣，一会儿急剧收缩严重衰退。经济学家把经济中类似过山车的这种现象称为经济周期。不过，这种过山车可不好玩。经济学家追求的不是过山车式的忽上忽下，而是一种稳定状态。寻找经济波动原因，找出稳定之路，正是经济学家的任务。

经济周期是经济中扩张与衰退的交替。这种交替称为周期，实际上并没有规律，也难以作准确的预测。经济活动的最高点称为顶点，是经济的极盛时期，但这个顶点也是经济向下的转折点，经济由此进入衰退。衰退的最低点称为谷底，是经济的最低时期，但这个谷底也是经济向上的转折点，经济由此进入扩张。从一个顶点到另一个顶点（或从一个谷底到另一个谷底）就是一个周期。但每个周期有多长，扩张多长时间，衰退多长时间，什么时候出现顶点或谷底并没有规律可寻，也难以预期。

自从进入市场经济，经济周期就出现了。早在 19 世纪，经济学家就注意到了这一现象，并进行了研究。所提出的理论不下几十种。战后经济周期仍然存在，尽管波动程度不像战前那样严重，但对经济的不利影响仍不可忽视。所以，经济周期理论在宏观经济学中十分重要。

不同的经济学家提出了不同的周期理论，概括起来有两大类。一类认为经济周期的原因在经济体系内,是由于市场机制调节的不完善性引起的,称为内生经济周期理论。另一类认为经济周期的原因在经济体系之外,是由于外部冲击引起的,称为外生经济周期理论。

凯恩斯主义者强调的是内生经济周期理论,认为总需求的波动引起了经济周期。在总需求中,消费是稳定的,政府购买可以人为决定(财政政策决定),净出口在经济中微不足道,因此,引起总需求波动的关键因素是投资。比如说,由于某种因素使企业对未来充满信心,并增加投资,扩张就开始了。投资增加通过乘数效应使国民收入成倍增加。国民收入的增加又进一步引起投资增加(这种情况称为加速数效应)。投资增加与国民收入增加互相促进,经济进入扩张与繁荣。但这种繁荣有一个最高限度——顶点。在达到顶点时,或者受到资源条件限制,或者人们的预期会由乐观转为悲观。这时投资减少,衰退就开始了。投资减少通过乘数效应使国民收入成倍减少。国民收入减少又通过加速数效应引起投资减少。经济下降至谷底,然后再开始另一次周期。投资与国民收入的互动是由市场规律引起的。所以,经济周期的原因是内生的。

外生经济周期理论强调经济中周期性波动来自外部冲击,例如,石油价格变动或技术进步引起的生产率变动。根据这种解释,如果没有外部冲击,经济在市场机制调节之下可以平稳运行。但某种难以预测的外部冲击会打破这种稳定状态。例如,如果技术进步实现了某种突破(比如说生物工程突破),这就提高了生产率,引起投资增加和国民收入增加。经济进入扩张阶段。当这种新技术普及之后,投资减少,国民收入增长停滞,经济进入衰退。只有再出现新的技术突破,经济才会再次扩张。新技术的突破不会连续不断有规律地出现,经济周期也就无规律可循了。

各种不同的理论都能解释一些不同的经济周期现象,但至今为止并没有一种公认的唯一正确的理论。看来各种经济周期理论是互相补充的,而不是互相排斥的。

然而不同的理论得出的平稳经济周期的方法不同。

根据凯恩斯主义的经济周期理论，周期是市场机制的调节所引起的，说明了市场机制本身的不完善性。如果让市场机制自发调节，经济出现过山车式的波动就是必然的。尽管从长期来看，经济可以依靠自身的力量恢复充分就业均衡，但在短期中经济波动带来的影响并不小，而且所谓短期也要好几年。因此，政府要用经济政策来调节经济，实现经济稳定。宏观经济政策也称为平稳经济周期的政策。这种政策就是财政政策与货币政策。

认为外部冲击引起经济周期的经济学家认为，经济周期并不是市场机制调节引起的。相反，这种波动要由市场机制来平缓。例如，技术进步引起投资增加，这样，总需求增加，国民收入增加，物价水平上升，经济进入扩张阶段。但物价水平上升又引起工资增加，工资增加提高了成本，企业减少生产，经济恢复到原来的水平，在这一过程中，物价水平也下降。市场会对各种外部冲击做适当的反应，并使经济恢复稳定。这正是市场机制不可替代的作用。相反，如果政府干预经济，这种干预往往会成为不稳定的一个重要来源，即成为引起经济周期的外部冲击。

经济不玩过山车是所有经济学家的愿望。但在如何实现这一点上有分歧。就现实来看，还没有哪一个政府完全放弃对经济的调节，即使以自由主义标榜的小布什政府，上台伊始就着手减税。因为尽管波动只发生在短期内，但几年的短期也足以给经济带来不利的后果，并使连选连任成为泡影。

背着抱着一样沉

英国古典经济学家大卫·李嘉图的许多重要理论都是围绕当时有关经济政策的争论中形成的。比较优势理论是英国围绕是否取消谷物法实行自由贸易的争论中形成的。我们这里介绍的李嘉图等价定理则是英国国会有关筹集军费争论的产物。

19世纪英法战争期间，英国军费支出庞大，国库入不敷出。如何筹措军费，成为议会争论的中心。争论的焦点在于是用征税还是发行债券的方式筹资，因为人们认为这两种方式对经济的影响不同。例如，马尔萨斯就认为，征税会减少消费支出，引起经济紧缩，而公债的方式影响要小得多。李嘉图则认为，无论是征税，还是发行公债，对经济的影响都是相同的，这就是李嘉图等价定理的基本思想。等价的意思是，无论哪种筹资方式引起的经济效果都相同。

李嘉图在《政治经济学及赋税原理》中对这种思想的表述是："如果为了一年的战费支出而以发行公债的办法征集2000万镑，这就从国家的生产资本中取去了2000万镑。每年为偿付这种公债利息而征课100万镑，只不过是由付这100万镑的人手中转移到收这100万镑的人手中，也就是由纳税人手中转移到公债债权人手中。实际的开支是那2000万镑，而不是为那2000万镑必须支付的利息。付不付利息都不会使国家增富或变穷。政府可以通过赋税的方式一次征收2000万镑；在这种情形下，就不必每年征得

100 万镑。但这样做并不会改变这一问题的性质。"

这段话有三点含义是理解李嘉图等价定理的关键。第一,征收 2000 万镑税和发行 2000 万镑公债都会使生产资本减少 2000 万镑,所以,哪种方式的经济效应都一样。第二,公债支付的利息仅仅是在不同人之间收入的转移,并不改变财富总量。第三,发行公债和征税一样使人民收入减少,消费也减少。在征税与发行公债的情况下,消费的减少也是相同的。

换个角度来看,如果政府向每人征收 100 镑税,消费会减少。如果政府改征税为发行公债,人均 100 镑,利息支付并不影响总收入水平,但公债仍要用税收偿还。公众考虑到以后仍要交 100 镑税来偿还公债,现在就会减少消费。这样,发行公债就与征税一样了。但人并不是永生的,如果为偿还公债而征收的税延迟,人们现在仍不会改变消费,即公债不会减少消费。只有在人们正确预见到发行债券等于以后税收增加时,征税与发行公债的效应才一样。李嘉图并没有肯定人们能作这种预见。

李嘉图等价定理在宏观经济学中非常重要,因为它涉及凯恩斯的赤字财政政策是否有用的问题。根据凯恩斯的论述,政府发行公债实行赤字财政政策可以刺激总需求,拉动经济。但如果李嘉图等价定理成立,赤字财政政策就要被否定了。因为如果人们预见到现在政府发行债券要在将来增加税收偿还,他们就会在现在减少消费,以备未来税收增加时交纳。这样,发行公债和增加税收来增加支出的作用一样,并不能刺激总需求拉动经济。换言之,发行公债赤字财政所增加的总需求被消费者减少的消费所抵消了。赤字财政刺激经济是无用的。凯恩斯主义者认为,公债的偿还毕竟是未来的事,消费者并不会为遥远未来的公债偿还而减少消费。而且,在具体做法上是政府每年在偿还到期债券的同时又发行新债券,赤字财政政策仍有刺激经济的作用。李嘉图等价定理在现实中并不能成立。

李嘉图等价定理引起了凯恩斯主义反对者的关注。新古典宏观经济学家罗伯特·巴罗在 1982 年发表了一篇题为"政府债券是净财富吗?"的论文,用遗产动机来解释李嘉图等价定理的正确性。这就是说,消费者是理性的，他们会正确预见到所发行的公债要在以后某个时候用增加税收来偿还。这个时候可能是在他们生前，也可能是在他们死后。换言之，公债的负担不是他们自己承当，就是他们的子孙承当。这样，他们就会出于对子孙的爱而把部分财产作为遗产留给子孙，以便不会由于偿还债务的税收而加重子孙的负担。例如，政府发行了100镑的公债，人们知道无论是他们或他们的子孙总要承担这笔债务，因此，就会减少100镑支出，储蓄起来，或自己交纳未来的税收，或作为遗产留下，由子孙交纳。这时，无论债务何时偿还，发行公债都会减少消费。李嘉图等价定理仍然成立。巴罗据此反对国家干预的赤字财政政策。正因为巴罗发展了李嘉图等价定理，所以，现在这一定理也称为李嘉图—巴罗等价定理。

当然，对巴罗的解释也有争论，这就是消费者是否完全理性，能否出于利他的动机为子孙留遗产。如果消费者难以深谋远虑，如果消费者并不关心子孙后代的状况，巴罗的解释就不能成立了。但现在仍无法在经验事实上证明或完全否定巴罗的观点。

凯恩斯主义的赤字财政政策曾被广泛运用，但李嘉图—巴罗等价定理中有一点无疑是正确的：今天的公债是明天的税收，公债归根结底要用税收偿还。从这种意义上看，千万别把赤字财政作为灵丹妙药来用。这也是当代许多经济学家的共识。

餐桌上的曲线

1974年12月初的一天，经济学家温宁斯基、拉弗和当时福特总统的助手（后任众议员）切尼在华盛顿一家饭店吃饭。席间，拉弗向切尼滔滔不绝地讲述自己的减税理论，可惜切尼经济学基础不好，听了半天仍然不知所云。于是拉弗顺手拿起餐桌上的一张餐巾纸，画了一条曲线。以后这条曲线就是拉弗曲线。由于它产生于餐桌，所以被戏称为"餐桌上的曲线"。

拉弗曲线是用来说明税率与税收之间的关系的。如果用横轴表示税率，纵轴表示税收，拉弗曲线就是先上升而后下降的倒"V"形曲线。这条曲线要说明，当税率开始上升时，税收会增加；当税率达到一定点时，税收也达到最大；如果税率的增加超过这一点，随着税率提高，税收反而减少了。因为在税率太高时，人们不愿意干活，作为税基的国民收入减少，即使税率再高也收不到多少税。

拉弗用这条曲线说明了，同一种税收可以用两种不同的税率达到。低税率时，人民生产积极性高，国民收入多，税收并不少；高税率时，人民生产积极性低，国民收入少，得到的税收与低税率时一样。但低税率有利于刺激生产，因此，在两税率可以得到同样的税收时，低税率比高税率好。

拉弗曲线是80年代在经济学界红极一时的供给学派的核心理论，这一派的理论成为里根政府经济政策的理论基础。

供给学派是作为凯恩斯主义的反对派出现的。与凯恩斯主义强调总需求不同,供给学派顾名思义是强调总供给的。他们认为,美国经济的问题不是总需求不足,而是总供给不足。因此,振兴美国经济之路不应该是刺激总需求,而要刺激总供给。

总供给,即生产,取决于人们劳动和投资的积极性。要刺激人们劳动和投资的积极性,最有效的方法就是减税。供给学派强调,当时美国的税率已进入拉弗曲线下降的那一部分,即进入了使税收最大的最高税率之后的税率禁区。这时,减税既可以刺激生产,增加国民收入,又可以增加税收,实现一箭双雕。只要在减税之后,减少政府干预,让市场机制自发地调节,经济就会繁荣。拉弗在餐桌上画出这条曲线就是为了说服切尼支持他的减税主张。

由于供给学派经济学家的努力和媒体宣传,减税的思想影响了一些政治家。1977年参议员肯普和罗思提出了减税法案。在卡特政府时期,减税法案没有通过,但这项主张成为里根竞选总统的纲领。里根上台后就提出了以减税为中心的经济复兴计划。1981年7月,美国参众两院通过历史上幅度最大、范围最广、影响最深刻的减税。个人所得税在1984年7月1日前降低税率23%,并对个人所得税率实行指数化,即按通货膨胀率调整税率。企业主要通过加速折旧而减税。折旧可以计入成本,加快折旧扩大了成本,从而减少了税收,平均而言公司所得税也减少了23%。与此同时,政府还减少支出,并减少政府对企业的干预。

里根政府以供给学派减税理论为基础的政策的确促成了美国80年代的经济繁荣。但也使美国的财政赤字迅速增加。里根上台时曾指责他的前任使美国赤字惊人——如果把每张为1000美元的债券摞在一起,总计达67英里。但当里根任满时,这一记录已高达100英里。

80年代之后,供给学派销声匿迹了,几乎在经济学史没有留下什么痕迹,以至于权威的《新帕尔格雷夫经济学大辞典》都没有收入"供给学派"这个词条。90年代之后,里根的减税政策和供给学派受到更多的指责。老布什把供给学派称为"伏都教经济学"——一种邪教。经济学家曼昆则把供给学派减税又增收的说法称为骗人的"新潮节食减肥计划"。另一名经济学家克鲁格曼则称供给学派为"江湖骗子",减税并没有什么刺激投资的作用,也不可能增加税收,只不过增加了政府财政赤字而已。

从抽象的角度看,税率和税收之间存在拉弗曲线所表示的关系。的确也有个别国家或历史时期,由于税率过高而引起国民收入减少和税收减少的情况。但正常情况下,拉弗曲线所表示的关系并不存在。也许减税可以刺激生产,增加国民收入,但一般而言,减税不会增加税收。也很少有什么国家的税率进入拉弗曲线的税率禁区。经济学家认为,就美国的情况而言,并不存在高税率进入税率禁区的情况。80年代的减税的确刺激了经济,但并不是刺激了人们劳动和投资的积极性。与历次减税一样,80年代的减税也是刺激了总需求。供给学派的中心是要通过减税刺激总供给,当减税没有这种作用,反而引起美国历史上最大的财政赤字时,这一派消失的命运也就决定了。

当然,拉弗曲线也有一些启发意义。从现实来看,降低税率难以增加税收,但降低税率还是可以刺激生产的。太高的税率即使能增加税收,从长期来看也不利于经济。如果高税猛于虎,有谁还干活呢?中国历代王朝建立之始,总要减税,这对恢复经济还是有作用的(历史学家们称之为让步政策)。政府各种支出需要增加税收,但高税率不利于生产。确定一个适当的税率真是一门大学问。这就要寻找拉弗曲线中那个使税收最大的最适税率点。

宏观调控不是筐

记得前几年进口大片票价高达 70 元或 50 元，许多观众颇为反对，于是中影公司发文限制进口大片的最高价格。我们且不评论这件事的是与非。只是某大报在报道此事时，标题是"国家加强宏观调控，限制进口大片价格"。限制某种产品的价格实际属于微观经济政策，说成宏观调控就出笑话了。实际上这种错误我们常见，把国家对经济所做的一切事都称为宏观调控已成习惯。正像有人说的，"宏观调控是个筐，什么都往里面装"。

严格界定宏观调控的含义，区分宏观调控与其他政府行为的区别，不是咬文嚼字，故弄玄虚，而是具有重要的理论与实践意义。

在市场经济中，政府对经济的调节与管制是多方面的。有立法手段（如各种保证市场经济正常运行的法律制度）、行政手段（如发放生产许可证等）、经济手段。这些不同的调节经济手段不能笼统地都称为宏观调控。

即使就经济手段而言，也大体上要分为微观经济政策和宏观经济政策，这两者之间存在重大的差别，不能统称为宏观调控。严格意义上的宏观调控是指运用宏观经济政策所进行的调节。

微观经济政策与宏观经济政策的区别首先在于理论基础不同。微观经济政策依据微观经济理论。微观经济理论通过分析家庭与企业的决策说明价格机制如何调节经济。但经济学家发现，市场机制的调节并不总是有效的。当市场机制的自发调节没有实现资源最优配置时，就产生了市场失灵。市场失灵产生于垄断、公共物品的存在和外部性。在垄断之下，产量低于完全竞争时而价格高于完全竞争时。公共物品（如国防）人人都可以免费消费，依靠市场提供，供给不足。外部性是一项经济活动，给与这项活动无关的人带来的影响（如污染），这就使市场决定的产量社会边际成本大于社会边际收益。要解决市场失灵问题就要求助于政府的干预。

宏观经济政策依据宏观经济理论。宏观经济理论说明整体经济的运行规律。它说明了，当经济完全由市场机制自发调节时，会产生周期性经济波动，即有时经济过热，通货膨胀严重，有时经济衰退，失业加剧，都是正常的。要消除或减缓经济波动的程度，就要求助于政府的宏观经济政策。各种宏观经济政策都是根据宏观经济理论对整体经济的分析制定的。

其次，这两种政策的目标也不同。微观经济政策的目标是效率与公平。克服市场失灵引起的资源配置无效率是为了提高效率。例如，政府对垄断的管制、提供公共物品、针对外部性的税收或补贴，都是为了提高效率。同时，市场经济引起的收入分配不平等也要由收入再分配这类微观经济政策来解决。宏观经济政策的目标是稳定与增长。稳定就是要减缓经济周期，实现充分就业与物价稳定。增长是要实现经济可持续的发展，实现适度的增长率。不同的政策要通过不同手段实现自己的目标。微观政策手段不能实现稳定与增长，宏观政策手段也不能实现效率与公平。两者都需要而又不可互相代替。

此外，由于这两者目的不同，手段不同，对经济的影响也不同。微观经济政策的影响是局部的。例如，限制进口大片票价只影响进口大片这种产品和放映这种大片的人与看这种大片的观众，并不影响其他人或其他行业。使收入分配平等的所得税政策只影响符合规定的某个群体。反垄断政策只影响垄断企业，等等。而宏观经济政策要影响整个经济。例如，变动支出和税收的财政政策，影响整个经济活动的水平。变动利率的货币政策对所有的人和部门都是同样的。微观政策对整体经济没有直接影响，宏观政策并不针对经济中的个别人或部门。

由于这些差别，这两种政策的制度与实施也是不同的。微观政策可以由中央政府决定，也可以由地方政府决定。比如，中央政府可以决定最低工资水平，地方政府也可以根据本地情况规定自己的最低工资标准。但宏观政策要由中央政府决定。比如，货币政策由中央银行决定，不由地方银行决定。尽管各地方政府有自己的财政支出与税收计划，但其目的在于提供地方政府应提供的公共物品，并为之筹资，不在于如何调节经济。中央政府的财政政策才是调节整体经济的。

严格来说，宏观调控是中央政府通过财政与货币政策以实现整体经济稳定与增长的政策。微观政策是实现公平与效率的各种政策，如限制价格政策、支持价格政策、反垄断政策、收入再分配政策、社会福利政策，等等。

把什么都称为宏观调控，只要是政府做的事就归入宏观调控，混淆了立法、行政与经济调节的区分，也混淆了理论基础、目的、手段与决策都不同的经济调节。这在理论上是一种混乱，在实践上也是有害的。不了解每种政策调控的目的，也不知道谁是调控主体，一个小小的地方或部门也自称要实行宏观调控，岂不是笑话吗？如果每个地方和部门要进行宏观调控，经济岂不乱套了吗？全国经济才是宏观整体，每个部门只不过是个体。不明白这一点就不会有正确的经济调控。

堂堂大报出了这个笑话，说明普及经济学真是迫不及待。

公债哲学的是是非非

在上世纪 30 年代之前，各国政府信奉预算平衡的原则，认为政府欠债与个人欠债一样，不是什么好事。所以，即使由于战争等原因有了财政赤字，也要尽快还上。

凯恩斯打破了这一原则。他认为，现在社会的问题在于有效需求不足，要不减少私人支出又增加总需求，政府就必须举债支出。为了打破人们对国债的恐惧心情，他列出了举债支出的三点理由。第一，政府是公民的代表，政府向公民借债，等于自己向自己借债，在性质上与私人债务完全不同。第二，借债是为了发展经济，通过举债支出刺激了有效需求，国民收入增加，税收增加，偿还债务也就有了保证，第三，政府债务以国家信誉为担保，不会引起债务危机。凯恩斯这一套为举债支出辩护的理论称为公债哲学。

公债哲学说得头头是道，但人们在这样做时还有所顾虑。战后各国政府已采用凯恩斯主义的政策，但仍没有大胆举债。50 年代，美国采用补偿性财政政策，即在衰退时用扩张性政策有赤字，在繁荣时用紧缩性政策有盈余，以求得长期中收支平衡。在艾森豪威尔当政的 8 年中美国 5 年有赤字，3 年有盈余，赤字最高时不过 125 亿美元。财政大体上是平衡的。

美国真正实践凯恩斯的公债哲学是在 60 年代。当时肯尼迪政府为了刺激经济采用了凯恩斯主义者托宾和海勒的建议，打破害怕财政赤字的框框，实行赤字财政政策，一方面增加政府支出，另一方面又减税。这时赤字迅速增长。到 80 年代里根上台时，他说，如果每张债券为 1000 美元，美国的国债摞在一起已有 67 英里。他声称要减少赤字。但他上台后大幅度减税，减少支出的计划又难以实现，到 1983 年年底，他把这一记录增加到 100 英里。只是 90 年代克林顿当政时期赤字才有所减少，并在 1998～1999 年财政年度实现了财政盈余 1200 亿美元。

现在美国有 90% 的经济学家承认财政政策（减税和增加支出）对低于充分就业的经济有重要的刺激效应。既要增加支出又要减税，当然必定有赤字。赤字财政只要不是用于消费，而是用于公共工程、教育等有利于经济发展的用途，对经济就有益。在短期中，当总需求不足引起衰退时，举债支出也有助于经济复苏。正基于这种原因，美国许多经济学家反对一些国会议员提出的要求实现每年财政预算平衡的平衡预算修正案。60 年代和 80 年代美国经济的繁荣与赤字大幅度增加是相关的。

但赤字财政也并非有百利而无一害。有赤字就要为赤字筹资。政府所用的方法是发行债券。不过债券卖给不同的对象，筹资方法与影响也不同。如果卖给中央银行，称为货币筹资。政府把债券卖给中央银行，不用付息，不过中央银行可以把政府债券作为准备金发行货币，这就会引起通货膨胀。如果卖给中央银行以外的部门，如商业银行、企业或个人，债券等于向这些部门借债的凭据。货币量不会增加，也不会引发通货膨胀，但政府要背上还本付息的包袱，国债会越来越大。现在美国国债总额已达每年 GDP 的 45% 左右，光利息也是一大笔不小的支出呢！这种方法称为债务筹资。

在现实中，政府交替使用货币筹资和债务筹资。如果赤字过大，政府最后只好求助于发行货币。因此，债务过大，货币量发行增加，最后难免要引起通货膨胀。美国独立战争时期，大陆议会财政支出剧增而税收有限，只好用货币筹资的方法，大量发行货币，以至于通货膨胀严重。英语有一个短语是 "not worth a continental"，直译是 "不值一个大陆美元"，意译是 "一文不值"，就是这时出现的。形容严重通货膨胀下货币已不值钱了。现在发生超速通货膨胀的国家，从南美洲的巴西、玻利维亚、乌拉圭，到欧洲的南斯拉夫,都是由于财政赤字极其严重,不得不发行货币所引起的。所以,国际货币基金组织向这些国家提供援助时的前提条件是实行紧缩财政的政策。美国 70 年代的高通货膨胀与 60 年代的财政赤字也不无关系。

当然,在财政赤字不十分严重,中央银行又能控制货币发行量的情况下,赤字不一定引起通货膨胀加剧。但赤字还有其他危害。从长期来看,一国的经济增长与投资相关,投资增加引起的资本积累是增长的源泉之一。投资来源于储蓄,所以,高储蓄与高增长率相关。日本等亚洲国家增长率高的原因之一是储蓄率高。一国的国民储蓄包括私人储蓄和公共储蓄。公共储蓄就是政府财政盈余。赤字增加必然减少国民储蓄,从而对一国的长期增长不利。许多经济学家认为,美国 70 年代生产率增长率放慢与美国赤字增加、国民储蓄率下降是相关的。

当然,在开放经济中一国储蓄不足,为投资筹资可以引进外资,从国外借债,或出卖自己的资产。但这又会引起国际收支赤字。财政赤字减少国内储蓄,引起国际收支赤字。所以,经济学家把财政赤字和国际收支赤字称为"孪生赤字",形容它们像孪生兄弟一样同时出现。70 年代是美国的孪生赤字出现的时代。这对孪生赤字到现在也没有消除。

正与一切事物一样,财政赤字也是有利有弊。但严重的赤字总对经济不利。60 年代曾在美国鼓吹赤字财政政策的经济学家托宾 80 年代曾告诫中国同行,不要一味用赤字财政刺激经济。这话还是值得我们深思的。

赤字财政不是万能药

～～～～～～～～

许多国家的政府在面临经济衰退时，总喜欢用财政政策，尤其是赤字财政来刺激经济。这种做法不是没有作用，但作用到底有多大呢？日本 90 年代的经济也许能给我们一些启示。

进入 90 年代之后，日本经济一直走不出衰退的阴影。各届政府无一不以经济振兴为己任，所用的"偏方"都是凯恩斯主义的赤字财政政策。

应该说，当经济处于严重衰退时，政府采用扩张性财政政策，举债支出，也不失为一种临时补救办法。美国 30 年代罗斯福新政、60 年代肯尼迪和约翰逊政府、80 年代里根政府，都曾用赤字财政刺激过经济。尽管留下了不少后遗症，但对刺激经济还是起了积极作用的。然而这种办法在日本效果并不显著。90 年代中日本政坛风云变幻，首相频频换马，正是经济持续低迷的结果。

为什么赤字财政在美国起作用。而在日本作用并不显著呢？这说明赤字财政是否起作用还与经济深层次的因素相关。

赤字财政对经济的作用如何，在相当大程度上取决于一个经济本身的特点及引起衰退的原因。这就正如退烧药对不同的人作用不同一样。一个身体健康，仅仅由于感冒而发烧的人，吃药可以药到病除。一个患有多种疾病，由于其他病而发烧的人，只吃退烧药恐怕无济于事。美国经济总体上运行正常，企业有活力，科技创新领先，衰退大都是由一时的总需求不足或外在冲击引起的，因此，赤字财政有刺激经济的作用。但日本的情况则不同。

日本的这种长期衰退与美国由于短期总需求不足引起的衰退不同。80年代后期，日本国际收支盈余巨大（曾为世界外汇储备第一），日元强劲升值，由此激发了房地产和股票市场投机过度，呈现出一片泡沫繁荣。90年代的长期衰退正是这种泡沫繁荣的后果。"冰冻三尺非一日之寒"。日本经济的今天是长期以来各种问题积累的结果，哪是一服赤字财政药可以药到病除的？

一国经济的强大要以科技进步为基础。美国经济学家克鲁格曼早就指出，日本经济缺乏的正是科技创新能力。日本的拳头产品都是模仿别国技术。在电子、生物工程等方面都落后于美国，甚至欧洲。连前首相都闹出了把 IT 业的"IT"（信息技术）理解为"it"（它）的笑话，国家科技水平可见一斑。经济增长以科技为先导，而赤字财政又无助于科技进步。

任何一个国家，经济的活力都在于企业。东芝笔记本电脑、三菱汽车、日航服务差等事件，暴露出了日本企业深层次的问题。尤其是全球一体化的今天，日本企业对中国这些亚洲贸易伙伴的不友好态度，不仅仅是企业问题，而且有深厚的国民劣根性基础。一个气量狭小的民族能创建世界一流企业吗？赤字财政是要刺激总需求的，并无法解决企业的深层次问题。

不少国家有困难就求助于赤字财政，似乎它是通灵宝玉。其实如果自己的经济有问题，科技创新能力差，企业无活力，赤字财政的作用即使有，也极为有限。不在增强经济和企业本身的活力上下功夫，仅仅借助于赤字财政，恐怕正如一个病入膏肓的人想靠强心剂来恢复活力一样。

当然，无论什么病人打一针强心剂还是有点用的。但这正是强心剂的问题所在——总靠强心剂迟早会引发更严重的疾病。日本的赤字财政对经济也有强心剂的作用，这种作用使政府更迷恋赤字财政。各届政府上台都要发行国债，换得一点"政绩"。但谁也没法解决那些深层次问题。结果问题没从根本上解决，赤字财政倒像吃鸦片似的上了瘾。这正是日本国债剧增的原因。国债剧增又引起新的困难。日本国债的信用等级在国际上已由 AAA

级降为 AA+ 级，这岂不又恶化了国际经济环境，使原本衰退的经济雪上加霜了吗？

其实，即使像美国这样好的经济，总以举债刺激经济也决非良策。庞大的国债或者迫使银行增发货币，导致通货膨胀加剧；或者减少了公共储蓄，引起国际收支赤字增加，不利于长期经济发展。且不说这些长期影响，光是还本付息也是一个沉重的负担。正因为如此，许多经济学家都对赤字财政提出了反思。60 年代曾为肯尼迪政府策划赤字财政政策的著名经济学家托宾告诫其他国家勿走赤字财政刺激经济之路。克林顿政府也把消灭赤字、减少国债作为政策目标之一，并在他当政后期得以实现。日本即使依靠赤字走出了衰退，巨额国债也会成为经济不稳定的因素。这种前景不是同样可怕吗？

日本赤字财政的政策向其他偏爱发行国债的国家敲响了警钟。日本跳下去了，下一个是谁呢？难道还有哪个国家要与日本争夺国债世界第一的"宝座"吗？

预期不是占卜

公元前 6 世纪，古希腊哲学家泰勒斯精通天象，他在冬天时就预期了来年的橄榄丰收，并低价租下了丘斯和米利都的所有橄榄榨油器。到橄榄收获时他高价出租这些榨油器，赚了一大笔钱。泰勒斯成功的预期使他发了财，但对当时整个经济的影响充其量是略微增加了橄榄油的成本而已。经济中的每个人都有预期，他们的预期如何形成，又对经济有什么影响呢？这是宏观经济学家所关心的问题。

许多经济活动是在今天耕耘，未来收获。未来的情况如何变动，影响今天人们对于某种经济活动的信心和决策。但未来是不可知的、不确定的，不同的人以不同的方式作不同的预期。这就难以确定一般的预期形成方式及其对经济的影响。预期困惑着经济学家。

宏观经济学之父凯恩斯注意到了预期问题。但也许是他在证券市场上的投机活动有赚有赔中感悟到未来难预期吧，他认为预期是无理性的，受一种"动物本能"支配的，很难得出规律性的东西。但他注意到了预期的作用。他认为预期与人们对经济未来的信心密切相关。乐观的预期引起充分的信心，这就刺激了投资，带动了经济繁荣。悲观的预期使人们丧失信心，这就引起投资减少，导致经济衰退。他把经济危机的发生归结为资本边际生产率（即未来预期利润率）的突然崩溃。这种突然崩溃正来自极其悲观的预期。凯恩斯把预期归结为一种心理上无法解释的动物本能。这就无法探讨预期形成的规则。但他重视预期对经济的影响，这使以后的经济学家更多地关注预期问题。

以后的经济学家研究预期形成的方式，并把预期结合到宏观经济模型中。在早期，经济学家们使用了三种预期方法：完全预期、静态预期和适应性预期。

完全预期假设人们对未来有完全的了解。使用这种预期方式的经济学家并没有解释它是如何形成的，只是作为一种假设使用。一些经济学家在分析非常长期的趋势时运用了这种预期。当然，这种长期趋势只是一种概述，谈不上如何精确。

静态预期又称外推式预期。这种预期方式假设未来将和现在完全一样。换言之，人们是根据现在的情况来推导出预期的。这种预期只适用于静态情况下极短期的情况。

这两种预期方式实际上对分析宏观经济并没有重要影响，有没有这种预期对宏观经济分析无足轻重。

真正有意义的预期方式是货币主义者弗里德曼和费尔普斯提出的适应性预期。这种预期方式认为，人们不是简单地根据过去推测未来，而是会根据过去预期的失误来调整对未来的预期。这样就会使预期接近于正确。例如，如果预期通货膨胀率为5%，结果实际通货膨胀率为10%，而且这种通货膨胀率会持续下去，人们就会逐渐修改自己的预期，使之接近于实际情况。这就是说，人们有一个根据过去预期失误修改未来预期的渐进过程。

货币主义者用这种预期的概念解释了菲利普斯曲线。这就是说，短期中人们的预期会有失误，当预期通货膨胀率低于实际通货膨胀率时，实际工资下降，生产增加就业减少，从而存在失业与通货膨胀的交替关系。但在长期中人们会修改自己的预期，从而要求提高工资。这时失业和通货膨胀之间的交替关系就不存在了。这是对传统菲利普斯曲线的重要发展。

这种预期方式还解释了中央银行抑制通货膨胀的决心对降低通货膨胀率的重要性。当中央银行表现出这种决心时，人们会修改自己的通货膨胀预期。预期通货膨胀率的下降会使短期菲利普斯曲线向下移动，以较低的失业率代价换取低通货膨胀率。80 年代初沃尔克反通货膨胀的胜利与他反通货膨胀的决心相关正在于这种决心影响到人们预期的修改。

在宏观经济学中真正有革命性意义的是理性预期的概念。这一概念是由美国经济学家莫思提出，并由卢卡斯引入宏观经济分析的。

理性预期是根据所有能获得的相关信息所作的预期。莫思给理性预期下的定义是：由于预期是对未来事件有根据的预测，所以它们与有关经济理论的预期在本质上是一样的。我们把这种预期称为理性预期。这就是说，在正常情况下，人们在进行经济决策时依据所得到的信息能对有关变量的未来变动率作正确估算，即主观概率分布的预期值与客观概率分布的预期值是一致的。

理性预期这一概念强调了这样几点：第一，理性预期根据所有能获得的相关信息所作的。信息是稀缺的、有代价的，所以，人们会有效地利用这些信息。这种信息包括有关数据，也包括有关经济运行与政策制定的规律。根据这些信息所作的预期是理性的。第二，平均而言，理性预期是正确的。这就是说，个别人的预期会有失误，但根据大多数定理，个别人的预期失误会相互抵消，从整个社会的长期来看，预期是正确的，不会发生系统的错误。第三，理性预期对经济行为有重大影响。就泰勒斯而言，仅仅由于他个人的预期是正确的才赚了钱，但如果每个人的预期都像泰勒斯一样是理性的，对整个经济的影响就不同了。

GDP 与全球一体化

以前各国在进行国民收入核算时所用的指标是国民生产总值（GNP）。1993 年联合国统计司要求各国以后一律不用 GNP，而改用国内生产总值（GDP）。GDP 与 GNP 之间有什么区别？为什么要把 GNP 改为 GDP 呢？在这两个词的改变中包含了极为深刻的含义。

从字面上说，GDP 和 GNP 都是一国一年内所生产的最终产品（物品与劳务）市场价值的总和。关键在于对"一国"的解释不同。GDP 的"一国"是指在一国的领土范围之内。这就是说，只要在某一国的领土上，无论是本国人生产的还是外国人生产的，都是该国的 GDP。GNP 的"一国"是指一国的公民。这就是说，只要是一国的公民，无论在国内生产的，还是在国外生产的，都是该国的 GNP。

在国民收入核算体系中，这两者之间有固定的关系。这就是说在 GNP 中加上外国公民在本国生产的产值（外企在本国的产值）减去本国公民在外国生产的产值（本国企业在外国的产值）就是 GDP。或者说 GDP 中减去外国公民在本国生产的产值加上本国公民在外国生产的产值就是 GNP。一般国家 GDP 与 GNP 在数值上的差额也就 1% ～ 2%。

既然这两者之间有数量上确定的关系，从一个可以推算出另一个，而且差别又不大，为什么联合国统计司要求各国把过去用的 GNP 改为 GDP（实际上已经放弃了 GNP 这个概念），而且，各国也都这么做了呢？

从 GNP 变为 GDP 不是一个简单的概念变化，它反映了经济全球化这个重要的趋势。

首先，在经济全球化的今天，各国经济已经是"你中有我、我中有你"，许多产品很难分清是哪一国生产的。例如，美国福特公司生产的福特牌伊斯柯特型汽车，零部件来自 15 个国家，你说它是美国公民的产品呢，还是外国公民的产品？看看当今世界，很少有什么东西是纯粹由一国公民生产的。别说飞机、电脑这种复杂的产品了，就连巨无霸汉堡包这种东西也很可能牛肉是欧洲的、面粉是加拿大的、番茄酱来自墨西哥、生菜来自美国。你说这个小小汉堡包是哪国公民的产品？

工业革命以后，人们无法分清某种产品是哪个人或企业生产的。今天的全球一体化使人们无法分清某种产品是哪国人生产的，也许将来我们都无法分清某一种产品是哪个星球的人生产的。在全球化的今天，不可能也无必要分清哪一国人生产了什么，因此，用 GDP 代替 GNP 不仅在统计上简便，而且也是对全球经济一体化的反映。

其次，更重要的是这种名词的变化反映了人们观念上的变化。过去人们强调的是民族工业，即由本国人所办的工业。保护民族工业往往被作为一个爱国主义的口号，颇有号召力。在全球一体化的今天，民族工业应该用境内工业的概念来代替。境内工业是在一国领土上所兴办的工业，无论是由国人办的，外国人办的，还是合资的。一些人担心，外资企业太多岂不要由外国人控制本国经济命脉？所以，总有人呼吁要限制外国人控制本国工业，甚至把经济全球化作为一种灾难。其实外资在一个国家里要遵守该国法律，并向该国政府纳税。这哪里有主权的丧失？外国企业雇用本国工人，繁荣本国经济，带来先进的技术和管理经验，又解决了国内资本不足，何乐而不为？把外资作为帝国主义侵略的一种形式，已经是过时的观念。说得严重一点，也是一种"冷战思维"的表现。当然，对外开放要有一个过程，引进外资要有一定的规章，在开放中也会与他国产生各种矛盾，但全球经济一体化进程是无法阻挡的。经济一体化之潮流浩浩荡荡，顺之者昌，逆之者亡。不放弃冷战思维，还固守陈旧的民族工业概念，在今天能有前途吗？

最后，还要看到，GNP 变为 GDP 对宏观经济学的研究和政策制定具有重要的意义。在凯恩斯主义经济学中研究的是一个封闭经济，80 年代以前的宏观经济学即使考虑到开放经济，也是把封闭经济与开放经济分开，先研究封闭经济，然后再分析开放经济。这样的方法已不能适应全球经济一体化的现实。许多经济学家都探讨从全球的角度来分析宏观经济问题，即从一开始起就从全球经济一体化的角度来分析一国的宏观经济。这就为宏观经济学指明了新的发展方向。

在封闭经济与开放经济之下，经济政策的影响也是不同的。美国经济学家芒德尔早在 60 年代就注意到封闭经济和开放经济下财政与货币政策的作用是不同的。在实行浮动汇率和资本自由流动的开放经济中，货币政策对经济的影响大于财政政策。在实行固定汇率和限制资本流动的封闭经济中，财政政策对经济的影响大于货币政策。他获得 1999 年诺贝尔经济学奖的重大贡献之一正是这种开放经济下的政策分析。根据这种理论，克林顿政府采取了紧缩性财政政策和扩张性货币政策的结合策略。在开放经济下，紧缩性财政政策对国内经济的抑制作用不大，但又可以减少赤字，而扩张性货币政策对国内经济的刺激作用大，有助于繁荣。这样，克林顿政府既减少了财政赤字，实现了财政平衡略有节余，又保持了长期繁荣。可见 GNP 变为 GDP 还有更多值得我们研究的问题。

模型比推理更管用

- - - - - - - - - - - - -

1987年，美国印度裔经济学家莱维·巴特拉写了一本题为"1990年大萧条"的书。该书在《纽约时报》评选的当年15本非小说类畅销书中名列第三，销售25万册，可谓红极一时。该书的中心是预言90年代美国经济将全面衰退，甚至会出现30年代一样的大萧条。此后不久，美国著名经济学家克莱因预言，90年代不会发生严重的衰退，更不会出现大萧条，90年代世界经济仍会增长。现在90年代已经过去了，历史证明克莱因是正确的，巴特拉错了。

为什么克莱因能作正确预测，而巴特拉会错，也许其间原因很多，但关键的一点是克莱因在作经济预测时依据了宏观经济计量模型，而巴特拉仅仅是进行一般性归纳和推理。由此也就可以看出宏观经济计量模型在宏观经济学中的重要地位。

现代宏观经济学实际上包括了三部分不同而又密切相关的内容：宏观经济理论、宏观经济政策和宏观经济计量模型。理论是宏观经济学的基础，政策是宏观经济学的运用，计量模型则是这两者之间的桥梁。宏观经济计量模型以理论为基础，可用于经济形势分析、政策分析，以及经济预测，是理论的运用，也是制定政策的重要依据，分析政策效应的工具。从这种意义上说，宏观经济计量模型是十分重要的，克莱因正是由于在这方面的开创性贡献而荣获1980年诺贝尔经济学奖。

经济计量学是 30 年代由挪威经济学家弗瑞希和荷兰经济学家丁伯根创建的。他们为此获得首届诺贝尔经济学奖。这一时期也正是凯恩斯主义现代宏观经济学的创建时期。美国经济学家托宾把经济计量学的建立作为现代宏观经济学建立与发展的基础之一。可见宏观经济学在建立之初就与经济计量模型结下了不解之缘。

经济计量学是经济理论、数学和统计学的结合，既有微观经济计量模型，也有宏观经济计量模型。建立宏观经济计量模型首先是根据一定的经济理论建立模型，即用数学公式来表述经济理论，或者说根据一定的理论用数学公式表述经济变量之间的关系。例如，根据凯恩斯主义理论用数学公式表示消费、投资、利率与国民收入等变量之间的关系。然后在此基础之上估算表示相关变量之间关系的参数。例如，估算边际消费倾向或投资的利率弹性等参数的数值。这时可以代入各种相关统计资料得出结论，用这些结论进行经济预测或政策效应分析等工作，达到预期的目的。

经济计量学的奠基人之一丁伯根在 1939 年出版的《经济周期理论的统计检验》第二卷《美国的经济周期：1919～1932 年》中为美国经济建立了一个完整的宏观经济计量模型，这个模型也被作为经验宏观经济学的开端。

"二战"后在宏观经济计量模型的研究中最有影响的还是克莱因。早在 40 年代，他就根据凯恩斯主义理论建立了美国的宏观经济计量模型。1950 年，克莱因在《1921～1941 年美国的经济波动》一书中建立了三个宏观经济计量模型，分析美国经济波动及政策。50 年代，克莱因又和另一位经济学家戈尔德伯格建立了著名的克莱因—戈尔德伯格模型，运用于经济预测。60 年代许多经济学家共同努力建立了包括 226 个内生变量、218 个外生变量、119 个随机方程、107 个非随机方程的庞大宏观经济计量模型，用于短期经济预测。70 年代还有运用于结构分析、预测和政策评估的数据库模型，用于失业率和国民收入预测的诺顿模型，用于逐季短期预测的查斯模型。此外，还有用于货币政策分析的圣路易斯联邦储备银行模型等。这些模型对经济预测和政策分析都有积极的作用。

尤其应该指出的是，克莱因从60年代开始建立了分析全世界经济的林克模型。该模型由诺顿模型发展而来，把全世界160多个国家的人口、实际GDP、工资、消费、物价、投资、进出口额、利率、汇率等涉及宏观经济的数值代入，用于预测未来的发展趋势。克莱因关于90年代世界经济持续增长的结论正是根据这一模型得出的。

计算机技术的飞速发展和经济资料的完善为建立大型复杂的宏观经济计量模型提供了条件。不同的经济学流派都有自己的宏观经济计量模型，用于检验自己的理论或进行经济分析。我们所介绍的许多经济理论和政策分析都以一定的宏观经济计量模型为依据。例如，货币政策在6～9个月后才发生作用，就是根据圣路易斯联邦储备银行模型得出的结论。现在各国都建立了分析自我经济的模型，我国在这方面也有了重大进展。中国社会科学院数量与技术经济研究所建立的模型成功地预测了我国农业生产发展情况。许多模型的结论已成为制定政策的依据。

当然，根据宏观经济计量模型所作的预测也不一定完全正确，因为经济的运行十分复杂，模型不一定能包括这些所有因素，所采用的统计资料也不一定十分准确，而且，许多随机因素的突然变动也不是模型能完全考虑到的。但根据模型进行预测总比那种推理式猜测强。巴特拉和克莱因的不同预测正说明了这一点。

从投入增长到技术进步

投入是引起经济增长的重要因素，尤其在经济增长初期，投入的增加至关重要。投入包括资本投入和劳动投入。投入与增长之间的关系是早期经济增长理论的中心。从哈罗德—多马增长模型到新古典增长模型分析的正是这一问题。

如果把英国古典经济学家亚当·斯密的《国富论》作为近代经济学的开端，那么，他所研究的"国民财富的性质与原因"实际上就是今天所讲的增长问题。斯密把增长的因素归于两个：专业化与分工引起的生产率提高，以及人口和资本增加引起的生产劳动人数增加。这就强调了投入的重要性。

当"二战"后，经济增长问题受到关注时，首先引起重视的是投入中的资本问题。美国经济学家罗斯托在《经济增长的阶段》中把投资率（即积累率）达到 10% 以上作为经济起飞的条件。美国经济学家刘易斯在《经济增长理论》中也把积累率达到 12% ～ 15% 作为发展的关键。但最能体现资本积累重要性思想的还是 50 年代最著名的哈罗德—多马增长模型。

哈罗德是英国经济学家，多马是美国经济学家，他们两人分别独立提出的经济增长模型基本思想相同，故合称为哈罗德—多马模型。这一模型是要探讨经济稳定增长的途径，并说明经济中短期与长期波动的原因。

基本的哈罗德—多马模型涉及三个变量：经济增长率、储蓄率，以及资本—产量比率（在这一模型中假设技术不变，所以这一比率就等于固定的加速数）。这三个变量的关系是经济增长率等于储蓄率除以资本—产量比率。这说明，当资本—产量不变时，增长率取决于储蓄率。这就说明投资（由储蓄而来）或资本积累在经济增长中的重要性。

这一模型还分析了三种增长率之间的关系。实际增长率是现实中实现的增长率，是实际储蓄率与实际资本—产量比率之比。有保证的增长率是能保证投资等于储蓄的增长率，也是一种合意的增长率，它是合意的储蓄率与合意的资本—产量比率之比。自然增长率是人口增长和技术进步所能实现的增长率，是适宜的储蓄率与预期的资本—产量比率之比。经济长期均衡增长的条件是实际增长率、有保证的增长率与自然增长率相等。如果实际增长率与有保证的增长率不一致就会引起短期波动。如果有保证的增长率与自然增长率不一致就会引起长期波动。

这三种增长率是由不同的因素决定的，要使这三种增长率总保持一致很不容易。因此，哈罗德—多马模型所指出的稳定增长途径实际上是一条"刀锋"（Knife-edge）——像刀刃一样狭窄，在现实中很难实现。

美国经济学家索洛提出的新古典增长模型正是为了解决这个"刀锋"问题的。这个模型认为，经济增长取决于资本、劳动、资本与劳动在生产中的组合比例（用各自对产量增长率的贡献来代表），以及技术进步。在这个模型中，技术进步仅仅是一个外生变量，表现为增长率中资本与劳动所作贡献之外的"余量"。例如，经济增长率为3%，资本引起的增长率为1.2%，劳动引起的增长率为0.8%，余下的1%就是技术进步的作用。新古典模型没有更深入地分析技术进步的作用，重点是分析资本和劳动投入在增长中的作用。

在哈罗德—多马模型中没有包括劳动，增长率仅仅取决于储蓄率。新古典模型引入了劳动，就可以通过资本与劳动比例组合的变动来实现稳定增长。这就是说，当储蓄率高、资本多，从而资本价格相对低时，可以通过多用资本、少用劳动的资本密集型方式来实现稳定的增长。反之，当储蓄率低、资本少，从而资本价格相对高时，又可以通过少用资本、多用劳动的劳动密集型方式来实现稳定的增长。这样，无论储蓄率如何变动，都可以通过资本—劳动组合比例的调节来实现稳定的增长。这就解决了哈罗德—多马模型中的"刃锋"问题。解决方法是由价格调节实现适当的资本—劳动组合比例。正因为这个模型强调了市场机制调节实现稳定增长的过程，所以称为新古典模型。

早期的经济模型强调投入（资本与劳动）在增长中的重要性与现实是一致的。我们知道，任何一个经济的增长总是从投入的增加，尤其是资本的增加开始的。没有资本积累和劳动增加就没有增长。投入型增长是所有经济早期增长的基本特征。早期增长理论正是这种现实的反映。

但经济如果总停留在投入型增长的阶段，一定会由于资源投入的客观物质限制和要素投入的边际收益递减而进入停滞。早期增长模型也分析了这种增长的结局。要打破这种投入型增长最终的停滞，就要使现有资源的利用率更高，使要素投入的收益递减变为收益递增。这就要依靠技术进步，要由投入型增长转变为技术进步型增长。

在哈罗德—多马模型中，技术被假定为不变的。在新古典模型中，技术进步被作为一个外生变量。这两个模型都无法科学地说明技术进步在增长中的作用。这个任务是由80年代之后的新增长理论完成的。

世界末日不是危言耸听

20 世纪 60 年代后期是西方世界动荡的时代。失业与通货膨胀加剧、环境污染严重、社会风尚败坏，"左"派学生运动风起云涌。这时，一些学者对人类的未来充满了担忧。

1968 年，意大利菲亚特公司当时的董事长帕塞伊邀请世界三十多名科学家、经济学家、实业家等各方知名人士云集罗马，讨论人类的未来，这就是著名的罗马俱乐部。罗马俱乐部委托美国麻省理工学院教授麦多斯把讨论的结果整理成书，这就是 1972 年出版的《增长的极限》。

《增长的极限》指出，决定人类未来的五个主要因素是人口增长、粮食供应、资本投资、资源消耗和环境污染。这五种因素增长的特点是指数增长，即按一定的百分比递增。衡量指数增长最好的标准是倍增时间，即这些因素增加一倍所需要的时间。倍增时间的简便算法是以 70 除以年增长率，这称为"七十规律"。例如，如果每年增长 2%，倍增时间就是 35 年。指数增长的特点是起初并不明显，但持续一段时间后增长会突然加速。

麦多斯用指数增长分析了影响人类未来的五种因素。就人口而言，1650年，世界人口为 5 亿，年增长率 0.03%，倍增时间将近 250 年。但在 1970年，世界人口达 36 亿，年增长率为 2.1%，倍增时间仅为 33 年。按这个速度，2003 年人口将达 72 亿，2036 年，人口将为 144 亿。工业增长的情况是，在 1963 年到 1968 年间，世界工业生产年增长率为 7%，人均 5%。这样，14

107

年后物质生活将提高一倍，所消耗的资源也会增长一倍。这种情况能否持续下去取决于粮食供给、非再生资源和污染情况。粮食供应受土地、淡水等资源的制约，这些资源是有限的。

麦多斯把以上五个因素进行综合分析，用计算机算出了各种因素的增长趋势，分析了它们之间的相互关系，得出的结论是：1970年以后，人口和工业仍维持指数增长，但迅速减少的资源将作为约束条件使工业化不得不放慢。工业化达到最高点之后，由于自然时延，人口和污染还会增长。但由于食物与医药缺乏引起死亡率上升，最后人口增长停止，人类社会将在2100年之前崩溃。这个模型是预言人类末日的，被称为"世界末日模型"。

避免世界末日的主要方法是：在1975年停止人口增长；1980年停止工业资本增长；工业品的单位物质消耗降为1970年的四分之一；经济重点由物质产品生产转向服务；污染降到1970年的四分之一；增加对粮食生产，尤其是提高土地肥力与水土保持的投资；延长工业资本的使用寿命。

世界末日模型的提出引起广泛争论，许多学者从理论、方法与实践上批判了这种悲观论。对人类未来抱悲观态度的理论历史上也并不少，19世纪马尔萨斯的人口论就是典型的悲观论，现在的世界末日模型无非是"带计算机的马尔萨斯"而已。

大多数学者认为，首先这一模型本身所用的参数就是错误的。有人指出，按这个模型，如果从1970年起自然资源的发现与回收利用率为每年2，控制污染的能力每年增长2，粮食产量每年增长2，则计算的结果是人类永远不会崩溃。相反，如果把该模型的起点由1900年提前到1850年，按该年各个变量的实际值计算，世界在1970年就崩溃了。

其次，对这五种因素变动情况的分析也是错误的。例如，以关键的人口增长来说，并不是一直保持指数增长。人口增长大体分为三个阶段：起初是高出生率与高死亡率引起的低增长率（工业革命之前），然后是高出生率与低死亡率引起的高增长率（工业革命以后），最后是低出生率与低死亡率引起的低增长率（发达国家），甚至是零增长。末日模型关键是人口的增长，这一因素的改变则会得出不同的结论。

最后，也是最重要的，经济增长中出现的各种问题只有通过增长才能解决。一百多年前人们用的容器都用铜和锡制造的，曾有人担心铜和锡用完后怎么办。但技术进步使人们可以用塑料代替铜和锡，现在没人这样担心了。同样，能源短缺、环境污染等问题也要通过技术进步和经济增长才能解决。人类的发展中会出现许多问题，但人们也能解决这些问题。从历史发展的角度看，人类的未来是光明的。

尽管人们并不认为世界末日模型正确，但都承认，这个模型所提出的许多问题值得我们注意。这个模型分析了资源、环境、人口与经济增长之间的关系是我们实现平衡增长的重要依据。这个模型对人口增长和环境污染的分析对许多国家来说也并非危言耸听。我们如果不兼顾发展与环境，也将会引起灾难。80年代之后，经济学家关注可持续增长，各国都加大了环境保护力度，这恐怕与世界末日模型的警示不无关系。

整体错误的理论中往往包含了正确的启示。这正是世界末日模型的意义所在。

官商结合新解

在汉语中，官商结合是个贬义词，有官商勾结，中饱私囊，鱼肉百姓之意。其实如果把官商结合理解为官方的政治资源与商人的经济资源强强结合，发展经济，为民造福，这不是一件大好事吗？

在任何经济中，政府的行为对经济都有重要影响，企业不可能脱离政府而发展。即使在美国这样的市场经济中，企业发展到一定程度，仍然是要寻找政府的支持。20世纪80年代初，美国克莱斯勒公司面临破产困境，没有一家商业银行愿意贷款给它。这时，该公司向政府陈述它破产会给美国经济带来的灾难性影响，联邦政府为之所动，为它提供贷款担保，克莱斯勒公司得到贷款再在艾科卡领导下起死回生，有了以后的辉煌。欧洲的空客公司也是在政府支持下，才发展成为可以与波音对抗的飞机制造公司的。一个小企业的生存和发展与政府关系不大，但一个大企业无论在市场经济多么完善的国家中，都是离不了政府的。

在我国，市场经济还不完善，政府在经济中所起的作用还相当重要，有时甚至是决定性的。在这种情况下，企业的发展更离不开政府的支持。政府所拥有的政治资源对企业的发展是至关重要的。与政府建立一种良好的关系是为企业创造一个良好的生存与发展环境，也是生产力。《水浒传》中的河北财主卢俊义（今天称为企业家）与官府关系不好，连人身安全都没有（被管家勾结官府陷害），哪有企业的发展？

在市场经济发展的过程中，我们要建立一种新型的官商结合，即政府支持企业，企业与政府合作。这种合作的目的不是各为其私利。因此，合作的途径不是官员向企业索贿，企业向官员行贿。人们所指责的官商结合实际是这种腐败行为。我们不否认个别腐败官员的存在，他们会利用自己的权力敲诈企业。但我们应该承认，绝大多数官员还是想"为官一任，造福一方"，搞好本地经济的。我们也不否认，个别企业家以金钱、美女腐蚀官员，谋求私利。许多腐败官员正是在官商结合中倒下的，个别企业家也是在官商结合中暴富的。但这并不是官商结合的唯一道路，也不是正路，走歪路的官商结合理应受到严惩。

官商之间其实是有共同利益的，这种利益不是私利，而是公利。如果双方找到了实现这种共同公利的方式，就完全可以用合法的手段实现新型的官商结合。晋商的发展就借助了这种官商结合。太平天国时期，地方政府向中央运银子（上交的财政收入）不安全，但财政困难，按时送银有困难。这时，晋商就游说官员用银票来替代银子上交财政税收，并答应向地方政府贷款，垫支应上交的财政税收。对政府而言，这种做法既安全又可以缓解财政困难。对晋商而言，这种做法既收取了银票汇兑费又获得了利息。正是这种双赢的做法使晋商在太平天国期间有了巨大的发展，成为晋商历史上最辉煌的时代。徽商中的胡雪岩被称为"红顶商人"，成为官商结合成功的典范。胡雪岩做到这一点主要靠的不是行贿，而是寻找到了他与官员的共同公利。胡雪岩的成功靠了左宗棠。左宗棠肩负收复新疆的使命，胡雪岩也有爱国情怀。他研制并向左宗棠部队赠送了诸葛行军散，保证了部队战斗力。正是这种行为感动了曾经蔑视商人的左宗棠。左宗棠支持胡雪岩的商业活动，这才有了胡雪岩登峰造极的商业。

官商之间以私利为基础的勾结最终是毁坏了双方，也为害社会。官商之间以公利为基础的结合才有利于双方——官员可以提升，商人可以获利。而且，这种结合推动了本地经济发展，于己于社会都有利，为什么不应该提倡呢？如果官商不结合，官为难商，商与官对抗，这不成了一场负和博弈吗？

不能把官商结合一律作为坏事，关键是为什么结合，以及如何结合。弄清了这个道理，我们就要给官商结合以一种全新的解释，并倡导与推动这种结合。

共同富裕不靠劫富济贫

在中外历史上，"劫富济贫"都是一个颇得人心的口号。无论是中国的水浒好汉，还是外国的罗宾汉、佐罗，都被认为是英雄。但"劫富济贫"是使社会共同富裕的口号吗？

在工业革命之前，劫富济贫喊了几千年，也曾多次付诸实践，但人类社会并没有摆脱贫困状态，它改变的只是少数劫富济贫英雄的贫困状态。那些不安于本分的野心家们利用人们对富人的仇恨，煽动穷人造反。成功之后，领袖们取代旧富成为新富，那些在起义中流血流汗的群众仍然一无所有。哪一个封建王朝不是这样的规律？即使并没成功的梁山起义，大碗喝酒、大块吃肉的也仅限于一百单八将，尤其是那三十六个天罡星。至于广大的小喽啰，大概比造反前强不了多少。物质毕竟是有限的，不事生产，光靠抢掠，有多少肉可吃，有多少酒可喝？东西不够，当然就要排座次了。

实现共同富裕的基础是物质财富的增加，而不是财富的再分配。劫富济贫不是创造财富，而仅仅是再分配本来不多的财富；造反者不是推动生产力发展，而仅仅是用暴力掠夺别人已经创造出来的财富。相反，任何一次造反起义都是对社会生产力的极大破坏。史书上有大量这类记载。例如，太平天国主要活动地区在中国最富庶的长江中下游地区。太平天国在这一带"打土豪，抢财富"，杀人无数（更多被杀的是群众而非富人），经济受到严重破坏，"十室九空"。洪秀全、杨秀清之流领袖过上了比江南富豪奢华不知多少倍的帝王生活，群众民不聊生。这种劫富济贫又富了谁呢？

而且，创造财富要付出艰苦的劳动，不可能一夜暴富，但抢掠是可以一夜致富的。劫富济贫者的这种示范效应引导那些有能力的人不把精力用作创造财富上，而是用于掠夺上。长此以往，社会以当强盗为能事，遍地强盗下夕烟，社会动乱，想努力勤劳致富的人也无可奈何。这社会就在动乱与贫穷中停滞、落后。怪不得古人感叹："乱世人不如太平犬。"在历史上，历次造反起义并没有创造出能推动社会生产力发展的新制度。阻碍生产力发展的旧制度仍然如故，不过换了新统治者而已。

在停滞的旧社会中，也有贫富差距。但当经济开始发展之后，这种贫富差距更扩大了。也许过去是富人吃馒头，穷人连窝头也不够吃。现在穷人吃上馒头了，但富人吃上生猛海鲜。这相对差距更大了，于是，想劫富济贫的思想仍然大有市场，但这绝不是缩小贫富差距的人间正道。

我们不否认，在经济发展之初有些人靠不正当手段致富，或者为富不仁。但应该承认，许多人还是靠他们的聪明才智、远见卓识、勤劳奋斗成功的。他们在自己致富的同时也创造出了社会财富。他们生产的物质产品成为社会财富的一部分，他们投资建厂给许多人提供了就业和脱贫机会，他们交纳税收增加了政府收入。还应该承认，人的能力是有差别的，这种差别可能是先天的，也可能是后天的。有人云，人和人的差别比人和猴子的差别还大。这话也许太夸张了，但人与人之间能力的差别却是客观的。这种差别决定了人在创造财富的过程中贡献不同，从而收入有差别。任何一个社会都是一部人先富起来，而不会是大家一起富起来。

一部分人的先富引起收入差距扩大，但解决之道绝不是劫富济贫，而是鼓励那些能力强的人用已有的财富把企业做得更大、更强，创造更多的社会财富。只有社会财富增加了，穷人才能从根本上改变贫穷状态，奔小康或中产。仇富、劫富的结果是回到共同贫穷的状态。也许财富平均了，但每个人的绝对生活水平都大大下降。只有经过了一部分人先富这个过程，才有共同富裕的结果。

面对收入差别，现代社会并不是用劫富济贫的办法消除贫富差距。有人把累进所得税理解为劫富，这是一种误解。税收原理有"能力说"和"受益说"。"能力说"是根据纳税人的能力征收税收。"受益说"是根据纳税人从政府公共服务中获得的利益来征收税收。无论根据哪一个原理，富人纳税多都是天经地义的。这就实现了税收的公正原则。累进所得税的设计正是为了体现这种公正，而不是为了劫富。政府向低收入者提供各种社会保障有济贫的作用，但资金绝不是来自劫富所得。承担政府税收的主体并不是富人，而是人口占绝大多数的中等收入者。富人人数并不多，他们的收入中纳税的比例高，但绝对量在税收总量中并不大。税收绝不是把富人的钱给穷人，不是劫富济贫在现代社会的实现。

　　社会的收入差别不宜过大，但绝不是要通过劫富济贫来实现。共同富裕靠的是增加财富，而不是财富的再分配。说到底，发展才是硬道理，劫富济贫是歪理。劫富济贫在历史上就没起过积极作用，在今天更是成事不足，败事有余。认识到这一点，社会才会共同富裕与进步。

渐进式改革不是让步、妥协

大约在 20 年前，关于改革要短痛还是长痛的争论热火朝天。短痛与长痛另一种更准确的说法是激进式改革还是渐进式改革。这些年来中国的经济改革取得了举世瞩目的成就，长痛的渐进式改革还被上升为"北京共识"。俄罗斯东欧的激进式改革被作为反面教训与"华盛顿共识"常被反思。看来这场争论早该盖棺定论，尘埃落定了。

让我又想起这场争论的是关于燃油税的问题。由依政府行政规定的收费变为依法律规定的税收是市场经济的历史性进步。而且，燃油税真正体现了公平的原则。谁开车多，开的车排量大，谁交税多。常开车、开好车的富人多交税，对缩小收入差距也有些许作用。此外，征收燃油税的管理成本要比征收养路费低得多，更不用说对建立节约型经济的大意义了。费改税是绝大多数人认可的好的改革措施。但这个问题提出快 10 年了，为什么是"光听楼梯响，不见人下来"呢？发改委的一个负责人说，将选择油价低落时出台。不过从近期油价走势看，这个出台的时机不是遥遥无期，也在猴年马月了。

有媒体分析，找个油价低时出台的话只是外交辞令，真正的原因是燃油税背后的各种复杂利益关系难以摆平。燃油税会增加车用油的支出。不出台燃油税当然不是考虑那些拥有私车的中高收入者，甚至也不是搞运输的私人公司，而是出租车和公务用车。涉及出租车的并不是开出租车的司机，而是出租汽车公司。燃油涨价，出租车要不涨价又不减少司机收入，就只有出租车公司降低"车份钱"，这是出租车公司所不愿意的。这些公司许多还有官方背景，或者是国有公司。公务用车也是另一个问题。政府财政无法增加机关的拨款，只有少用车，这大大侵犯了那些习惯车来车往的官员。当然，燃油税全上交财政还要影响公路交管部门。据报道，靠这种养路费吃饭的人就有280万，且都吃得很好——许多地方最好的楼往往是交管部门的。涉及这么多利益集团，每个集团都通过各种关系向决策者施加压力，怪不得燃油税这件好事还要慢慢长痛，不能激进。

把向市场经济转型的过程拖长并不是渐进式改革的原意。按我的理解，激进与渐进的关键差别还不在于时间长短，而在于改革的方式。激进式改革是在短期内以私有化为中心打破原有的政治与经济体制，彻底用"新桃"换"旧符"这种方法不适用于我们这样一个大国。渐进式改革是在维护原有政治与经济体制的格局下转向市场经济体制。把这两种改革方式理解为激进式改革就是求快的短痛，渐进式改革理解为什么都慢慢来的长痛，在我看来是一种误解。这种误解延误了改革，失去不少良机，使我们总处于痛苦的转型期。这种长痛也很痛啊！

邓小平同志在改革一开始时就告诉我们，"改革是一场革命"。革命就是权力与利益的重新调整，它必然要付出代价，要引起一定的社会震荡。想无代价地顺利实现社会经济转型是不切实际的幻想，但渐进式改革的方式保证了在社会基本稳定的情况下实现转型，不会引起激进式改革那么大的社会动荡。

燃油税改革当然也会引起利益格局的调整，必然要付出代价，想谁的利益都不伤害，和和气气地实施，是一种一厢情愿的单相思。有人担心会发生通货膨胀。其实燃油税可能在短期内引起局部物价上升，如出租车价格、运输价格等上升，但它对物价的影响毕竟是极为有限的。只要控制住货币发行量，就不会出现严重的通货膨胀。何况它有利的一面——国家财政收入增加，缩小收入差别——还大于不利的一面。这种短期的痛苦绝对小于由于迟迟不改而对整个经济产生的长期痛苦。这样拖着不实施燃油税，绝不是渐进式改革的原意。

实行燃油税是要伤害一些人的利益的。出租汽车公司的收入少了，官员坐车也难了，但这与给整个经济带来的好处相比，能算什么代价呢？出租车公司收的"车份钱"过高一直为出租车司机和社会所指责。什么官员都要外出坐车，而且越坐车越好，排气量越大，这符合我们党的光荣传统吗？工人、农民已经为改革付出了代价，官员为什么就不能付出一点呢？即使坐车少了、差了，甚至不能坐车，不也比下岗工人、进城务工的农民强多少倍吗？六中全会提出了政府职能转变的战略任务。如果个别官员不想放弃自己的权利与利益，这种改革如何能完成呢？难道又让我们整个社会长痛吗？

燃油税并不是什么复杂的问题，是世界各国通行的做法。之所以在我们这里实施起来这么难，还在于利益集团的阻力。渐进式改革绝不是向这种阻力让步、妥协，只有冲破这种阻力，改革才有希望。在改革中我们需要的不是"风物长官放眼量"而是"一万年太久，只争朝夕"。

我想，我写出的这点道理不仅适用于燃油税，而且，也适用于其他改革。

技术进步，制度在先

据已故北京大学陈岱孙教授的一位弟子回忆，解放前夕陈老也在国民党政府的南迁名单中，但陈老拒绝南下。这名弟子问陈老："你学的经济学是资产阶级那一套，解放后有什么用呢？"陈老说："经济学包括两个内容，一块是意识形态的，一块是技术性的。新社会中意识形态的内容没用了，技术性的还可以用。"看来陈老对经济学在新社会的应用还是很有信心的。

陈老是财政问题专家，解放前孔祥熙曾请他出任财长或次长，被婉拒。但陈老仍代表国民党政府参加过几次重要的国际财政会议。任何政府都有财政问题，不同制度下的财政也有共同规律，财政应属于技术问题。但以后的改造思想、"三反五反"、批判资产阶级、用政治经济学取代经济学等做法使陈老善良的愿望落空了。陈老回到了书斋，研究经济学说史，技术性的知识也不敢用了。远离现实也使陈老没有受到历次政治运动的冲击。

不过陈老的这种观点似乎并没变。20世纪80年代中，反对"资产阶级自由化"时，经济学被彻底否定。陈老提出，经济学作为一个整体体系应该否定，但个别对技术性问题的论述仍有借鉴意义。这个观点对消除极"左"思想，保护经济学家起到了积极作用。但从以后的实践看，现代经济学中的许多技术性论述并没有起到什么作用。

其实陈老的这种思想在中国文人中有深厚的传统。张之洞的"中学为体，西学为用"是对这种传统最精辟的概括。面对西方世界的冲击，或者是对原有体制的迷恋，或者缺乏挑战旧体制的勇气，绝大多数知识分子不愿全盘西化，故而有这种折中的主张。在不触动原体制的情况下来实现量变，既维护了社会稳定，又有社会进步，动机善良得很。可惜许多善良的愿望都是"看起来很美"，其实无法实现。洋务运动失败的根源正在于不触动封建制度的情况下，只想在技术上"师夷之长"。张之洞依靠封建体制办的大冶铁厂不就失败了吗？引进了洋枪洋炮，仍然败在洋人手下，不是枪炮不好，是封建制度不好。

经济学中的制度与技术内容可以分开，不改变制度，只用技术吗？从历史与现实看，没有制度变革，技术性的内容是无用的。经济学家，无论是哪一个社会，哪一个阶级的，都希望实现技术进步，并以技术推动经济发展。计划经济下的经济学家也极为重视技术进步。在苏联和中国，官方都在呼吁实现"从粗放经济向集约经济"的转化。用今天的话来说，就是要从投入型增长转向技术进步型增长。但在计划经济体制下，始终没有实现这种转型。当年的苏联有许多优秀科学家，物理、数学等自然科学都处于世界前沿地位，但经济始终由增加投入推动，先进的科学技术没有成为实际生产力，最终由于增长受到资源限制而停滞，苏联解体了，它是垮在经济上。

市场经济下实现了投入型增长向技术进步型增长的转型，计划经济则办不到。这种差别的关键不是技术而是制度，技术进步需要动力。人们最早对科学和技术的探索产生于好奇心，以后则是生产和战争的需要。在一个停滞的社会里，技术进步缺乏动力，尤其缺乏把科学与技术普遍运用于实际的动力。这种动力是个人对利润的追求。无论封建社会，还是计划经济，都把"逐利"作为"恶"，谁敢大胆妄为呢？

当然，传统社会流行的是伪道德，当统治者和道德家斥责"逐利"时，他们却在大发横财。不过用的是政治手段，而不是经济手段。在这个"有了权才有钱"的社会中，包括技术进步在内的经济活动就失去了动力。市场经济不仅承认"逐利"的合法性，而且把从事经济活动作为"逐利"的主渠道。在市场经济公平竞争的制度下，利来自竞争。"逐利"成为技术创新的内在动力，"无利则亡"成为技术创新的外在压力。技术能不突飞猛进，并迅速得到应用吗？技术进步的动力来自制度，而不是单纯"船坚炮利"的技术。

仅仅鼓励人们太"逐利"还不够，还要保证人们可以排他性地占有所逐到的利。这就是产权制度。产权制度确保每个人拥有自己合法收入与财产的占有、使用、转让、受益权。如果我们把鼓励逐利作为市场经济中的基本激励机制，那么，产权制度就是这种激励机制的保证。从这种意义上说，产权制度是市场经济的基础；说得再具体一点，鼓励技术创新的是专利制度。专利制度是产权制度的组成之一。

没有市场经济制度就没有技术创新，无从实现经济增长由投入型向技术进步型的转型。用这个观点可以解释著名的"李约瑟之谜"，也可以解释当前经济增长方式转型的难点所在。吴敬琏先生的名言"制度先于技术"是对这一观点的经典概述。从陈岱孙教授到吴敬琏先生，我们也看到了经济学家的进步。

站在利益集团之上

与计划经济相比，转向市场经济的特征之一是形成了各个不同的利益集团。这些利益集团共存于一个社会中，从根本上说，它们的利益是一致的。但在短期或局部问题上，它们的利益存在明显冲突。在转型时期，这种冲突有时还相当严重，甚至会引发社会动乱。和谐社会并不是无矛盾的大同社会，也不是乌托邦式的世外桃源。建立和谐社会是要协调不同利益集团的利益关系，实现某种均衡。利益集团的冲突不会消除，但达到某种均衡的和谐还是可以的。

谁来协调不同利益集团的冲突呢？不可能靠市场机制协调，也不可能由某一个利益集团来协调。它只能由一种超乎各个利益集团的社会代表来协调。这个代表就是国家，或者说得更具体一点是政府。国家要能起到这种作用，必须从根本上改变国家的概念。

在传统观念中，政治意义上的国家（State）是一个阶级镇压另一个阶级或其他所有人的工具。它所代表的是一个阶级，或者更准确地说，是一个阶级中少数人的利益。它的作用是镇压，工具是暴力，所谓某个阶级的专政其实是这个阶级中少数居于统治地位的既得利益集团的专政。革命是用一个阶级的专政代替另一个阶级的专政。革命的结果，专政的实质未变，改变的只是专政者。以这种观念来理解国家，不同利益集团的矛盾得不到协调，这才有一次又一次的革命。整个社会处于对抗的状态中，谈不上和谐。

在现代市场经济社会中，民主政治发展的结果，国家不再是一个阶级镇压另一个阶级的工具，而成为协调社会不同利益集团之间冲突的中间力量。国家不再代表某一个阶级，而代表整个社会的不同利益集团。它凌驾于各个利益集团之上，协调它们之间的利益冲突，使社会避免由于各个利益集团的冲突而动乱或灭亡。现代国家既不是代表富人来压迫穷人，也不是代表穷人来掠夺富人。它既要代表富人，又要代表穷人，作为一种社会中间力量协调富人与穷人之间的利益关系。国家应该超越各个利益集团，从整个社会的角度维护社会公正与稳定。

在房地产开发中，征用土地的房地产商和土地被征用的农民之间总要发生利益冲突。在这件事上，这是两个利益对立的利益集团。房地产商总想压低征用费，被征用者则希望获得更多的补偿。国家不能为促进经济发展而站在房地产商一边，向被征用者施压，也不能以保护弱者为名站在被征用者一方，索要过高的征用费。如果放任双方博弈，冲突就会升级，国家必须站在超脱双方的公正立场上，从有利于整个社会的利益出发来进行协调。

但是，国家并不是什么抽象的东西，像上帝一样公正。代表国家行使权力的是具体的、活生生的、有自己个人利益的人。他们或者是政府官员，或者是执法人员。他们也可能由于受贿或其他原因而偏袒房地产商，也可能由于亲民或其他政治原因而偏袒被征用者。在这种情况下，就有可能激化这两个利益集团之间的冲突。如何保证国家在协调利益集团之间关系时的公正性呢？

首先要用法治来代替人治。在实行人治的社会里，掌握了国家机器的人可以为所欲为，出于自己的利益偏袒一个利益集团去打击另一个利益集团，这就激化了社会矛盾。在这样的社会中，周期性地发生社会动乱，甚至暴力革命是正常的。法治社会中，一个人即使掌握了最高统治权也不能为所欲为。他必须依法办事，他所拥有的，仅仅是法律赋予他的权力。国家在协调利益集团冲突中的公正性不是靠统治者的个人品质、道德来保证的，而是靠法律来保证的，法律的基本原则是所有的人在法律面前一律平等。法律平等地对待强者和弱者。不应该有帮助强者、压迫弱者的法律，也不应该有以保护弱者为目的的法律。保护弱者不是要损害强者的合法利益，而是要保证弱者实现他们的合法利益。在征用土地问题上，法律应对按什么标准支付征用费有可操作性的规定。国家在协调双方的利益关系中依据的正是这种法律。

法是要靠人去实施的，因此，有了法律并不一定能保证依法办事，这就需要有权力制衡，有监督。民主的本质不是多数原则，而是任何一种权力都有另一种权力来制衡。市场经济需要民主政治在于民主能保证实现各个利益集团的协调与平衡。在征用土地问题上，如果代表国家的官员或执法人员没有依法行事，则会受到惩罚。

房地产商用暴力低价征地，被征用者暴力对抗，其原因不在于双方的贪婪或蛮横，而在于无法可依，或者有法不用。和谐社会是各利益集团的利益实现协调与平衡的社会，实现这种协调与平衡正是国家的作用所在。

血汗工厂，责在政府

库格曼先生是马克思的朋友。他的夫人想读《资本论》，马克思建议她先读第八章《劳动日》。读完《资本论》之后，我才领悟到马克思的良苦用心。

与《共产党宣言》中尚有对资本主义推动生产力的赞美不同，《资本论》是揭露资本主义的罪恶及其根源的。《劳动日》一章揭露了资本家剥削工人的种种劣行。读了这一章从感情上对资本主义恨起来，才能理解全书的中心精神。如今，马克思所揭露的种种恶行在发达国家已经作为历史的一页翻过去了。但看了《南方周末》关于广东一些地方"血汗工厂"的报道，又勾起我当年读《资本论》的感觉。当然，这种现象不独广东有，在许多地方都可以找到类似案例。难道向现代社会转化必然要经历这种痛苦吗？

马克思把这些现象归因于剩余价值规律驱动下资本家的贪婪本性，以及为资产阶级服务的政府对资本家的庇护、支持。但作为一个阶级代表的政府与贪婪的资本家毕竟不同，政府明白放任资本家这样为所欲为下去，包括资产阶级在内的整个社会都会毁灭。于是，在工人斗争的压力下终于通过并实施了"工厂法"。消除"血汗工厂"的方法不是靠资本家的良心发现，而是靠立法。

我们正在建立的是共同富裕的和谐社会，政府作为最广大人民群众利益的代表者，在制度和法律上不会允许企业剥削工人，甚至出现现代"血汗工厂"。

这类现象再多也只是个例。不过，即使是个例，也会破坏社会和谐，背离我们建立社会主义市场经济的初衷。因此，彻底消灭"血汗工厂"是迫不及待的大事。

无论有没有剩余价值规律在起作用，资本家（如今称为老板或企业家）的贪婪本性并没有变。这种本性是否可以得逞则取决于环境。我们的大环境是不允许他们那样做的，但出现"血汗工厂"的地方，小环境就不同了。"血汗工厂"的出现正在于某些地方官员的纵容与默许。

中国最早的"血汗工厂"出现在外资和合资企业中。当时，经济发展压倒一切，以种种优惠条件吸引外资。外资愿意到内地办厂是看中了这种种在他们国内无法获得的优惠。他们国内的严格立法和执法使他们不敢为所欲为。到了中国，这一切约束都没有了，于是贪婪的本性得到任意膨胀，苛待工人，甚至让工人脱衣检查、下跪等事件层出不穷。一些地方的政府官员，深恐得罪外商，外资撤走，故而不管不问。这种纵容，使外商更加胆大妄为。为了本地经济发展而以工人的牺牲为代价。这其中许多官员由于引进外资和经济发展而提拔，对于工人所受的苦难，一些人视而不见，这就有了示范效应。只要经济好，就可以"一俊遮百丑"。

私人企业发展起来之后，追逐利润的动机当然不会产生善待工人的结果。一些私人企业家并不知道长期激励该如何去做，只以周扒皮为榜样，用压低工资等血汗方法实现短期利润最大化。可以说，在没有任何外部限制的条件下，苛待工人是马克思那个时代和今天企业家（或称资本家）的共性。地方官员无论是出于发展本地经济的良好愿望，还是官商勾结的共同利益，对工人的不幸遭遇并不放在心里，甚至把工人当成刁民。尽管政府也多次发文要求保护工人，在这些官员的讲话中"一个代表"亦叫得响，但只说说而已。这才使"血汗工厂"至今仍顽强地生存。

有钱的企业家和打工的农民绝对处于天然不平等的地位。有钱就有了强势的资本，加上官员的支持，更是强上加强。人数众多的无组织民工，难以保护自己。这种不平等是"血汗工厂"的基础。改变这种不平等状况，只有依靠政府和立法。从这种意义上说，政府要更多地注意保护弱势群体。"血汗工厂"的出现有其必然性，但这种必然性能否成为现实性，还取决于政府能否依法保护工人。

一些地方官员默许"血汗工厂"的存在是把发展经济与保护工人对立起来了。在他们看来，经济发展靠资本，有大量劳动力的中国，劳动不是问题，这就是他们纵容企业家不公正地对待工人的根源。这种想法完全是错误的。资本主义经济的高速发展不是在马克思那个时代，而是在工人状况大大改善的"二战"以后。现在那些"血汗工厂"存在的地方，"民工荒"加剧，资本无用武之地，这说明，资本与劳动的利益在本质上是一致的。没有工人的辛苦，资本无非是一堆到世界末日也生不出一个子儿的钱。企业家不克服周扒皮的做法，也是死日已近。"血汗工厂"苛待工人，最终也断送了自己。

"血汗工厂"的最后毁灭还要靠企业家认识到劳资之间一致的利益关系，但推动这种认识的还是政府与立法。没有保护工人的立法与认真执法，劳资关系的协调恐怕为时尚远。保护工人是经济发展的长久之计，也是实现和谐社会的必由之路。有了这种认识，"血汗工厂"的死期也就不远了。

企业不是惯出来的

几年前江铃陆风汽车在全德汽车俱乐部（ADAC）进行的新车评价规范（NCAP）的碰撞测试中，一败涂地，被德国媒体嘲讽为"一个徒有其表的铁皮罐头"。但江铃公司振振有词地说，他们已经达到了国家质量标准，进而以冷战思维推导出，这是德国阻止中国汽车进入的"阴谋"。

对于"阴谋论"，我认为只是该公司个别人阴暗心理的反映，而对于它们达到了国家质量标准之说，我深信不疑。要不，它们的汽车如何能在国内市场上销售呢？

虽然达到了国家质量标准。但在国外，离质量达标还远得很。这只能说明，国家质量标准太低了。其实陆风汽车的质量总体还是不错的。大街上又有多少远不如陆风的汽车仍在行驶？我总不相信3万元能造一辆有安全保证的车，但那些车也都达到国家质量标准。其实不仅仅是汽车，达到国家质量标准的食品等，不也由于达不到国外标准而被反倾销吗？包括汽车在内的许多产品不仅国家质量标准低，而且不实行召回制度。对这些连国家质量标准也达不到的产品，消费者只能自认倒霉，自我消化了。

许多人还为低质量标准辩护，觉得中国企业是没长大的孩子，我们要惯着一点，否则他们长不大。

政府应不应该惯着企业呢？政府不只是企业的代言人，也不只是消费者的代言人，应该是代表这两方利益的仲裁人。但在市场上，企业是强者，它们作为一个组织，有足以保护自己利益的实力，消费者是弱者，人数众多，没有组织，无力保护自己，政府应该更多地关注消费者。规定强制性质量标准正是保护消费者的最有效方法。

政府惯着企业，降低质量标准，或者有标准并不实施，就可以使企业做好，中国经济振兴吗？做父母的都知道，孩子不是惯成材的，政府也应该知道这一点。降低质量标准，不实行召回制度，企业的成本可以降低，但这种企业有竞争力吗？对于国内无知而又无力的消费者，他们不得不接受这些产品，自认倒霉。但走到国外，人家就不吃你这一套了。中国不少产品在国内卖得不错，但一出国门就受到限制，正说明这一点。

中国的国家质量标准应该与世界接轨、保护消费者的制度（如召回制）要与世界处于同一水平。这里不存在中国特色。在质量问题上应该是只有世界的，才是中国的。以降低质量为代价增加数量，既浪费了资源，又没有增长方式的转变，这绝不是中国经济成功之路。

在我们技术水平低的情况下提高质量标准肯定会给企业带来压力，甚至使一些无论如何努力也达不到质量标准的企业破产。对一些实力弱的企业而言，召回制的打击可能是致命的。但这种代价是必须付的。高质量标准和召回制的强制性压力会使一些企业经过痛苦的折磨之后成长起来，也会消灭一些企业。这些企业也许本来就不该存在。让该死的死去，才能让该活的活得更好。在这种优胜劣汰的过程中才会出现中国走向世界的成功企业。严格的高质量标准会引起某些行业的小乱或中乱，但不会有大乱，而且小乱之后才有大治。对整个经济而言，与世界接轨的质量标准只会使经济更强大，根本谈不上伤筋动骨。

计划经济之下政府对企业实行父爱主义。不过这个"父"不是"严父"，而是兼具了舍得给钱的"父"和无端护短的"母"的秉性，无论在什么事情上，这位"父"总是站在企业的立场上，对消费者则是漠不关心。这也难怪，当时的国企都是政府的"亲儿子"。转向市场经济了，"父爱"仍在延续。把国家标准定得低一些，执行得松一些，遇到消费者与企业争执时，总维护企业的利益。这就使企业有恃无恐。谁要说质量差，它就以国家标准回应，谁要求召回不合格产品，它就指责意在搞垮企业、别有用心云云。这样惯出来的企业，靠政府保护，像温室的鲜花一样成长，何时能长大呢？

我们的"神六"成功上天了。我们的企业能生产出这样高质量的产品，为什么汽车、食品这些并非高科技的产品反而达不到国家标准呢？我想并不是技术上达不到，而是思想上达不到。既然生产低质量的产品也达到了国家标准，何必再花工夫去提高产品质量呢？这就是政府惯出来的坏毛病。

质量提高不能靠企业良心发现，要靠外力去逼。这种外力就是把质量标准提高到国际水平，并用国际上惯用的手段去保护消费者利益。在消费者因质量起诉企业时，政府要全力支持消费者的合法权益。有了这种压力，我想产品质量完全可以达到国际水平。

惯出来的陆风汽车在德国丢了脸，江铃公司还以达到了国家标准而振振有词，拒不认错。这是中国汽车走向世界之路吗？以汽车而看其他行业，错不只在于被惯的企业，也在于惯它们的政府。

善人种出恶果

任何一个政府总是有意无意地认为自己比公众高明，以管理者自居，千方百计地限制公众并不危害社会的行为。公众又不服这类管制，于是双方玩起猫抓老鼠的博弈。其结果是政府获胜者少。

美国的一些城市，政府往往喜欢对房租实行管制（称为租金上限），或者规定住房的最高租金，或者规定房租的上升率，总之就是不让住房市场的供求关系自发地决定房租。政府这样做的动机说起来崇高得很：保证低收入者有房子住。但结果怎么样呢？政府规定的房租远远低于市场均衡的价格，有房子的人宁可让房子闲置，也不愿出租。没人愿意投资于住房建设，可供出租的房子不能随需求增加而增加，加剧了市场均衡房租的上扬。已经按低价租出去的房子，房东也不去维修，希望它破烂下去，房客自动搬走。十几年前我在纽约，住在朋友租的房子里，其破烂程度大大激发了我的爱国心——起码祖国没有这么破的房子。也就是在这时，我才懂得了萨缪尔森说的一句话：要破坏一个城市，除了轰炸以外，最有效的办法就是房租上限了。

当然，公众不会甘心服从政府这种不合理的规定，就与政府玩起了小老鼠挑战大强猫的游戏。你不是房租有上限吗？我就按这个房租签约好了，但你的管制中并没有规定租用其他东西的价格。因此，另定一份合约，以某个价格租用房中原有的窗帘或其他物品。也许房中的窗帘或其他物品已经破烂不堪，根本无用，但租房者愿以高价租，房东也愿以这种价格出租，双方自愿的交易，政府无可奈何。政府规定的房租和窗帘或其他物品的租金加起来正好就是市场供求均衡的价。小老鼠仅仅靠这样一个小小的伎俩就斗过了大强猫，使政府巧心经营的房租管制失效。这种博弈的结局其实是一个必然结果，这里用得上我们最熟悉的一句话：群众是真正的英雄。

许多政府也会讲类似的话，甚至谦卑地补充一句：我们往往是渺小的。但从实际行为看，他们其实并不懂这句话，甚至在内心深处并不认可这句话。政府的官员往往都是自恋狂，他们总认为自己或者是竞选中脱颖而出的，或者是由更高明的组织任命的，能爬上高位自然是人中龙，鸟中凤，能力见解高于芸芸众生。特别是他们手中有权，权力会使人找不到北，会使人飘飘然。飘飘然了，自然就高于公众了。

说实在的，政府官员当然是精英。拿一个官员与一个公众比，官员的能力自然是强的，但作为一个整体，官员绝不比公众高明。哈耶克用信息分散论解释了这一点，谁比谁高明关键在于谁掌握的信息更多。信息是分散的，政府官员通过各种渠道（媒体、下级的汇报等）获得信息，官员的精力有限，所获得的信息自然也有限。而且，他们高高在上，往往会从媒体或下级的汇报中得到虚假的信息。如果他们以自己的好恶来筛选信息，获取假信息的可能性更大。根据假信息作的决策会失误，自然斗不过公众。公众通过媒体或市场来获得信息。他们每个人获得的信息量也许远远不如官员，但作为个整体他们获得的信息就要多得多。他们每个人都根据自己的信息作决策，个别人可能作错误决策，但根据"大数原理"，整体决策不会有失误。市场结果（在我们的例子中就是均衡的房租应该是多少）必然比政府决策（房租上限）要正确。违背了市场自然规律，再高明的官员与公众博弈也不会有好果子吃。

在政府与公众的博弈中，政府官员作为一个主体出现（一只强大的猫），公众则是许多独立决策的主体（无数弱小的老鼠）。一个政府要面对无数可能的对手，一个政策要遇到无数可能的对策，如何去取胜？上有政策，下有对策。输的往往是政策，赢的往往是对策，各国皆然。

　　按照这个道理，政府在市场经济中应该把市场能解决的事（如房租应该为多少）尽量交给市场，自己不要故作高明地去管。政府所要管的是那些政府应该做而市场又做不了的事。例如，制止危害社会和他人的行为（如污染），提供国防、立法、教育这类市场无法提供的公共服务。这时政府就由管理型转向服务型，由管理者变为公仆了。

　　现实世界中许多政府的毛病都是管的事太多。连美国、欧盟这些发达国家的政府都如此，何况其他。政府为什么改不了这个毛病？问题出在它的动机上。政府总认为自己是公众的代表，它们所做的一切都是为了这个社会更美好——控制房租使更多的穷人居者有其屋，社会就更公平、更和谐。从这种善良的动机出发，依据不完全的信息决策，错了还自以为是。这让我想起了哈耶克的一句名言：世界上最坏的事都是那些动机善良的好人做的。从帮助低收入者的愿望出发，结果是穷人租不到房，或者住在破烂不堪的房子里，正是这种善良愿望引导下得出的恶果。把美国房租管制的事举一反三，可以悟出许多令人深省的道理。

资本创造历史

写下题目就觉得有点不妥。资本是钱，是设备，是一堆死东西，它怎么能创造历史呢？准确地说，应该是运用资本的人创造了历史。我用这个题目是根据了这本书的题目《资本的冒险》。严格来说，这本书的题目应该是《运用资本的人的冒险》，不过用《资本的冒险》更为简洁一些。我用"资本创造历史"也是这个目的。

在人类历史上，土地、资本和知识在不同时期成为财富的主要创造者。在生产力落后的前工业社会中，土地是财富的主要创造者。当时的主要产业是农业，劳动要运用土地才能创造财富，故有"土地是财富之母，劳动是财富之父"的说法。工业社会中，劳动用资本生产产品，这时资本就成为关键的生产要素。后工业社会（20 世纪 50 年代后），技术进步越来越重要，知识就成为关键的生产要素。《资本的冒险》这本书讲的是美国近代经济史中的故事（原译名为"美国商业故事"），其主角就是资本。这一段历史是用资本写成的，所以改为现在的书名亦无不妥之处。

没有资本，就没有美国这一段辉煌的历史，没有今天发达的美国。任何社会都不乏有钱的人，也有人会用钱去赚钱。例如，中世纪欧洲社会的犹太商人以及中国历史上的晋商和徽商。但是，只有在近代市场经济社会中，钱才变为创造社会财富的资本。一部近代经济史就是资本去冒险、开拓，创造社会财富的历史。这本书记载了美国从殖民地时期一直到今天资本冒险和创造的历史，包括美国经济的方方面面，从农业与食品，制造业和采矿业、交通运输业、银行业，直至零售业与房地产以及电报、电话和电视等。它展示了资本如何以其冒险精神，在这些方面创造了奇迹。

自从有人类以来就有人用金钱去冒险。像莎士比亚《威尼斯商人》中的安尔尼奥那样从事地中海贸易，或者来往于欧亚丝绸之路的商人从事国际贸易，都属于商业冒险行为。但这些行为对一个停滞社会的影响是有限的。只有在近代市场经济社会中，资本的冒险才成为普遍的，并改变了整个社会的面貌，这就在于制度的改变。市场经济建立了保护私人财产的制度，这使得冒险者可以获得冒险而来的财富。同时，作为资本主义精神支柱的新教也鼓励对财富的无限追求。这些成为资本冒险的动力。股份制使冒险者不必承担无限风险，成为冒险的制度保证。作者指出："与合伙公司中每位合伙人用全部净资产承担风险不同，股份公司成员只用其在公司的投资额承担风险？使用这种组织形式，许多资本家（这种公司在哥伦布发现新大陆两三个世纪后才被杜撰出来）可以联合在一起来追逐探险和远洋贸易的潜在的巨额利润，不必担心由于巨大风险而倾家荡产。"

资本的冒险完全不同于赌场上丧失理性的赌徒做法。冒险是以对商机的把握为基础的。例如，"技术转移"一文中，斯莱特把纺织技术偷到美国，是认准了美国纺织业发展的时机；"机遇"中，米尔斯靠向淘金者出售铁铲等工具而致富，是抓住了旧金山发现金矿的时机，等等。认准并抓住时机太冒险，冒险就是理性的，尽管也有失败，但总体上成功的概率更大。读这本书应该学习的不仅仅是那些成功的企业家如何冒险，而首先是他们如何抓住了时机。

资本去冒险当然是为了追逐利润，但在市场"看不见的手"的调节之下，总体上是有利于社会的。这种冒险创造了我们今天所用的形形色色的东西，促进了今天的富裕。即使为追求垄断而进行的冒险，主流也是有利的。因为没有这种垄断就无法聚集起巨大的资本修建铁路，实现制造业中的规模经济。对那些不利于社会的垄断，政府可以用法律去限制。菲利普斯在1666

年曾成功地垄断了贝壳串珠市场，但亨特兄弟 1979 年垄断白银市场的企图却以失败告终。这正体现了社会在制止资本冒险为害社会方面的进步。这种进步可以使资本的冒险对社会趋利避害。

戈登是写故事的高手，他用一支妙笔写出了美国商业史上许多为我们所熟悉或不熟悉的故事。他着重于叙述而不是说教，这就给我们留下了思考的余地。其实每个故事都可以说明不同的道理，这要靠读者自己去领悟，取其所需。

我们正处于转向市场经济这样一个变革的时代，社会如何依靠资本的冒险而得以发展，企业如何运用资本去冒险而做强、做大，是每一个人都关心的问题。我们所走的路不一定与美国完全相同，但他们的经验与教训对我们是很有启发的。

中国的世界工厂之路

　　21世纪中国的和平崛起将对全世界产生重大影响。但中国应该如何崛起，却是仁者见仁，智者见智者的。美国学者奥戴德•申卡尔的著作《中国的世纪》对这一问题做了富有启发意义的探讨，值得每一个关注中国未来的人认真阅读。

　　正如绝大多数学者认同的，中国崛起的希望是成为世界工厂。应该说，我们在农业、高科技和服务方面都缺乏比较优势。就目前和以后一段时间来看，优势仍然在制造业上。正如作者所说："到目前为止，中国在很多行业中，尤其在那些劳动密集型行业中，处于全球主导的地位。"我们制造了世界70%的玩具、60%的自行车、50%的鞋、1/3的箱包、1/2的微波炉、1/3的电视机和空调、1/4的洗衣机和1/5的冰箱。这些数字说明，在任何一个国家、任何一个商场的货架上，恐怕都几乎不可能找不到中国制造的产品。这个事实表明中国制造业的优势，也是我们把成为世界工厂作为近期目标的依据。

　　但是，我们应该如何走好世界工厂这条路呢？美国、日本、韩国都走过这条路，我们也要亦步亦趋地步它们的后尘吗？作者有价值的观点就在于，他认为中国不该这样走。这些国家都是先从劳动密集型产品起步，然后逐渐淘汰这些行业，转向资本密集或技术密集型产品。作者极有见解地指出："与日本和韩国不同的是，当中国继续发展的时候，它将不会放弃劳动密集型的那部分产业，相反，它将综合其在劳动密集型产业和中等技术含量产业中的优势，对驱动未来世界经济发展的知识密集型领域进行主要的投资推动。"

我觉得这种世界工厂策略是符合中国国情的。应该说中国制造业应该走高科技之路，提高研发能力，掌握核心技术，建立自己的知识产权，并创造自己的品牌。这些都是应该的，也是我们努力的方向。对于这一点，谁都没有异议。问题是如何对待劳动密集型产业。不少人认为，发展劳动密集型产业，仅仅是权宜之计，是在制造业发展初期阶段不得以为之的。随着制造业的发展，我们也应该像发达国家一样，把这些产业转移到正落后的国家，我们向制造业的高端产业发展。本书作者的观点与这些人不同，他是主张劳动密集型、资本密集型和技术密集型并举的。我自己也是赞赏这个方针的。

中国在相当长时期内不能放弃劳动密集型产业是由我们的国情决定的。这首先在于我们是一个有 13 亿人口的大国，劳动力是极其丰富的。我们的经济发展要提高所有人的福利，就必须解决这 13 亿人的就业问题。就业在我们国家永远是一件大事。劳动密集型产业是就业的重要产业，我们不能放弃。同时也应该看到，我们在劳动密集型产业中还是有低成本优势的。尽管我们现在面临劳工荒的问题，但这并不说明中国劳动力短缺，而只是待遇太低。可以预料，当劳动力工资适当提高后，劳工荒就会消除。尽管随着经济发展和政府对劳工保护的加强，工人的工资会提高，但正如作者指出的，这时中国劳动力低成本的优势自然存在。因为与美国、日本、韩国相比，中国工人的工资还是低的。而且，这种状况由于劳动力多而难以在短期内改变。

本书的作者详尽分析了中国在发展制造业，成为世界工厂中的优势。这些优势包括：13 亿人的市场在吸引外资上的吸引力；巨大的人力资源储备，"不仅包含有无限量的体力劳动者，而且也包含有大量的、数量不断增加的工程师、科学家以及熟练技师"；大中华地区的协同效应；中国在航天等高科技领域的成就；等等。正是这种优势可以使我们在劳动密集型产业和资本与技术密集型行业都获得成功。而且，中国的成功不会是世界的威胁，将会带动全球经济发展。从这个意义上说，"中国将改变21世纪的商业规则"。包括美国在内的各国应该在中国崛起成为世界工厂的过程中寻找自己的发展机会，作者很形象地说："向东，向东，再向东：那里有工作。"

在走向世界工厂的过程中，我们会有一个"从袜子到航天器"的过程。这就是说，我们要保留劳动密集型行业，但重点还是靠技术推动。如果忘记了这一点，劳动密集的优势迟早会失去。在这方面，作者建议我们"追赶技术发展步伐"，"利用外资杠杆"，"升级中国的'人力软件'"，"将技术应用到企业"，等等。作者讲话还是相当客气的（他讲的一些不大客气的话出版时被作为"有失偏颇"，或者"个别与事实出入较大"而删去了）。他指的努力方向，其实正是我们存在的问题。应该承认，我们的世界工厂之路困难还相当多，有些也相当严重。只有对这点有充分认识，并采取相应的对策，才会有成为世界工厂的成功。洋人说我们好话者不少（作者就是其中之一），但千万别以此沾沾自喜。我们必须清醒地认识自己的问题，在世界工厂之路上才会走好。

讨论中国经济问题与制造业问题的著作不少，对中国成为世界工厂前景的评论也不少。洋人写这类书优点是"旁观者清"，看问题客观一点，也比我们敢说话。但缺点是，对中国的现实缺乏深度了解。他们大多没有在中国生活过，仅从书本或走马观花地了解中国，总缺乏那种感觉，所以有些见解也不见得正确。崇洋要不得，排洋也要不得。他们的书无论正确与错误，读一读总会有启示。在我读过的有关中国制造业的书中，这本《中国的世纪》说不上是最好的，但却是值得看的。

穷国穷在制度上

世界贫富差距加大是一个不争的事实，最不发达国家那些皮包骨的儿童图片催人泪下。但穷国贫穷的原因是什么呢？

有人认为，穷国过去曾受殖民者的掠夺，今日贫穷是历史的结果。但今天也有许多曾经是殖民地的国家跨入了发达国家的行列，还有些未曾当过殖民地的国家仍然贫穷。怎么能总把现实的贫穷归因于遥远的历史呢？

也有人认为，穷国穷是因为缺乏资金和技术。但战后国际机构与各国政府向穷国提供了不少援助，亦有私人资本进入穷国，技术也引进了，为什么仍然穷呢？

近年来还有人认为，全球经济一体使富国更富，穷国更穷。但事实是还没有哪个国家是由于开放而变穷的，相反倒有许多国家是在全球一体化的过程中由穷变富的。

这些说法都把穷国之所以穷的原因归结为外部，其实一个国家之所以穷，关键在于内因而不是外因。找出穷国之所以穷的另一种方法是看看历史上那些曾经贫穷的国家是如何变富的。

在近300年之前，全世界都是穷国。但从这时开始一些国家走上经济增长之路，脱贫致富了，但仍有许多国家仍然在穷着。这些首先变富的国家中英国是第一位。使英国变富的不是资本积累，不是工业革命，也不是海外掠夺，而是制度，是一种与其他国家全然不同的新制度。在英国之前，中国已有相当发达的技术，西班牙和葡萄牙都在海外掠夺中积累了大量财富，但它们却没先富起来。这些国家所缺的正是这种制度。

英国变富的关键一步是 16～18 世纪期间圈地运动中私有产权制度的建立。在当时一些人看来，这是"羊吃人"的罪恶时代。从历史发展的角度看，这是经济增长的开端，无论如何评价都不会过分。私有制符合人利己的本性，它保证个人努力的成果可以排他性地由自己占有。这就鼓励了人们努力从事经济活动。私有产权降低了交易成本，促进了贸易，从而形成市场经济。市场经济制度是一国富起来的唯一正确道路。马克思和恩格斯在《共产党宣言》中高度称赞了这种制度所带来的飞速经济增长，以及在改变世界面貌中的作用。

市场经济是一种有效的资源配置方式，它的基础是私有权。但要使市场经济制度正常运行还需要有许多配套的制度。例如，有利于交易的货币制度，作为私有产权内容之一的专利与版权制度，保证交易的合约制度，市场运行必不可缺的诚信制度，按效率分配的分配制度，使企业高效率运行的现代企业制度，以及与这种经济制度相一致的民主政治制度和多元化意识形态。一个国家的这一套制度越完善，这个国家就越富裕。

美国经济学家诺斯强调"增长的路径依赖"。这是指一个国家只有建立了私人产权和市场经济，才会走上增长的良性循环之路。人们都认为资本积累重要，但没有保护私人产权的制度，谁会储蓄和投资呢？人们还认为，工业革命和技术创新是经济发展的火车头，但没有保护发明者权益的专利制度，谁会去发明呢？英国是工业革命的发源地，也是世界上最早建立专利制度的国家。人们都把企业家作为经济发展的关键，但没有按效率分配的制度，能有企业家产生吗？没有现代企业制度，有企业家的用武之地吗？有一套适应发展的制度，没有钱，会有钱；没有人，也会有人；没有技术，完全可以创造出技术。所以说，制度是一国致富的关键。

用这种历史的经验来看今天的穷国，它们缺的不是资本和技术，而是一套适于经济发展的制度。不是全球化使它们更穷，而是它们的制度注定了它们要穷。怨天尤人是没用的，指责历史上殖民主义如何也是没用的，致富之路还在于建立市场经济制度。马克思说过，一切落后国家都要走先进工业国家所走过的路。我想这条路应该是市场经济之路。

看看当今世界上那些最穷的国家，或者仍然摆脱不了计划经济的框架；或者战火纷飞，沦陷于种族仇杀之中；或者没有摆脱传统社会的约束。这些社会的共同特点是私有财产在法律和现实中根本得不到保证。没有走上"路径依赖"的轨道，何谈发展。发展经济学家讲了几十年的发展，国际组织提供了大量资金，结果呢？没有什么成果。正因为如此，发展经济学回到了新古典经济学，世界银行现在最关注受援助国家市场经济制度的建立。

回顾一下战后那些脱贫致富的国家，也不乏曾经饱受殖民主义摧残者，但在建立了以私有制为基础的市场经济之后，在短短二三十年间不就发展起来了吗？我们中国改革开放二十余年来翻天覆地的变化不也是制度变革的结果吗？天还是这片天，地还是这块地，人也还是这些人，但制度变了，一切也都变了。

穷国的穷，不穷在殖民主义历史，不穷在全球经济一体化，也不穷在缺乏资金和技术上。它们穷在缺乏一个市场经济制度上。制度是经济增长的前提，这是当今经济学家一致的共识。

减税减得有学问

1992 年，美国经济衰退，老布什又面临总统大选。老布什为了刺激美国经济，实现连选连任，宣布减税，做法是联邦政府减少从工人工资支票中扣除的所得税数量。可惜老布什没有成功，衰退没有得到改变，老布什也被毛头小伙比尔·克林顿取代了。

60 年代肯尼迪政府的减税和 80 年代里根政府的减税都曾经刺激了经济，为什么老布什的减税不起作用呢？这就要了解收入如何决定消费，以及不同的减税如何影响收入。

凯恩斯把消费与收入联系起来，建立了说明消费与收入之间关系的消费函数，这在经济学中是一大贡献。但凯恩斯把收入解释为现期绝对收入水平，并得出边际消费倾向递减的结论，却是错误的。从长期统计资料看，消费函数是稳定的。为了说明这一问题，经济学家提出了不同的消费函数理论，重新解释了决定消费的收入。美国经济学家弗里德曼的持久收入假说就是一种重要的消费函数理论。

弗里德曼认为，人们的消费是为了实现长期的效用最大化，并追求长期中消费的稳定。因此，人们在计划自己的消费水平时，不是依据短期的实际收入，而是把消费与持久的、长期的收入联系在一起。例如，人们通常是在一月或一周中的某一天得到工资收入，但决不会在这一天中把收入用完，而要平均地使用这种收入。这说明，人们的消费与短期经常变动的收入水平之间没有稳定的函数关系。

为了说明影响消费的收入，弗里德曼把人们的收入分为持久性收入和暂时性收入。持久性收入指长期有规律的收入，一般定义为连续 3 年以上的固定收入。例如，工资收入或租金收入。暂时性收入指临时的、偶然的、不规律的收入，例如偶尔得到的一笔遗产收入或中彩票的收入。持久性收入是有规律的、稳定的、可预期的，决定人们的消费。暂时性收入受许多偶然因素的影响，无法预期。这种收入只有在影响持久性收入水平时，才会影响消费。

弗里德曼进一步指出，人们每个时期的现期收入中都包括持久性收入和暂时性收入两部分。为了说明持久性收入如何影响消费，必须了解如何区分持久性收入与暂时性收入，并能计算出持久性收入。

有时人们容易区分现期收入中的持久性收入与暂时性收入。例如，工资收入是持久性收入，偶尔中一次彩票是暂时性收入。但更多的情况下并不容易区分这两种收入。例如，工资之外的分红是什么收入。要说明持久性收入与消费的关系，必须了解在无法区分持久性收入与暂时性收入时持久性收入的估算。

弗里德曼认为，某一时期的持久性收入水平是在过去持久性收入水平的基础之上形成的，现期的实际收入变化（包括暂时性收入的变化）也会影响这种持久性收入的水平。这样，就可以根据过去的持久收入水平与现期的收入水平来估算持久收入水平。简单来说，现期持久收入等于现期和前期收入的加权平均数。举个简单例子。如果现期收入为 2 万元，前期收入为 1.5 万元，现期收入加权数为 0.6，前期收入为 0.4，那么，现期持久收入就是 2 万 ×0.6+1.5 万 ×0.4=1.8 万元。这个例子中，前期收入只包括一年，如果前期收入包括时间越长，持久收入越准确。当然，在计算时，离现期越近，加权数越大；离现期越远，加权数越小。

根据持久性收入计算方法可以看出：如果现期收入等于前期收入，持久性收入不变；如果现期收入大于前期收入，持久性收入小于现期收入；如果现期收入小于前期收入，持久性收入大于现期收入。这正说明了持久性收入比现期收入稳定。消费取决于持久性收入，持久性收入的变动慢于现期收入，因此，消费的变动慢于收入的变动。这就是说，当现期收入变动时，人们不能确定这种收入变动是持久性的还是暂时性的，不会立即做出反应。只要收入变动持续一定时间，被认为是持久性的，消费才会调整。

根据持久收入假说，我们可以知道，减税是否影响消费，关键是这种减税影响持久性收入还是暂时性收入。

60 年代肯尼迪政府的减税和 80 年代里根政府的减税都是由议会通过降低个人所得税税率。税率的降低是长期的，影响持久性收入，从而就会影响消费。这就是减税可以刺激消费，拉动经济的原因。但老布什的减税并不是降低税率，而是把应该在 1992 年从工资中扣除的所得税推迟到 1993 年 4 月，即在 1993 年 4 月 15 日（美国纳税日）之前再交齐 1992 年未扣除的所得税。这实际上并不是减税，而是由政府向人民提供一种短期贷款。这种减税并不影响持久性收入，当然也不影响消费。尽管这一时期经济衰退，布什减税，但由于衰退是暂时的，减税只是短期贷款，所以，消费既未减少也未增加。

老布什的减税有点"病急乱投医"，可惜这种减税起不到增加持久性收入的作用，也无法刺激经济。这位海湾战争的英雄只好"无可奈何花落去"，回得克萨斯老家赋闲去了。

货币量与通货紧缩

许多人都看过美国好莱坞电影《欧兹国历险记》（旧译《绿野仙踪》）。这是一部以美国作家弗兰克·鲍姆的一本儿童读物为依据改编的电影，讲述一个叫陶利丝的堪萨斯小姑娘在迷路之后如何与其朋友小狗托托、稻草人、铁皮人、胆小的狮子等战胜女巫回到家乡的故事。其实这个故事还不是一般的儿童读物，而是影射当时激烈争论的银币自由铸造问题。影射文学美国也有。

今天人们都是谈通货膨胀而色变，但在金属货币流通的 19 世纪，更多的情况是谈通货紧缩而色变。19 世纪的美国有 70 年左右处于通货紧缩时期。我们知道，根据货币数量论，流通中的货币量决定了物价水平和货币的价值。货币供给增长率决定了通货膨胀率。在纸币流通的今天，货币的发行并不受实物的限制，一旦货币量发行过多就会引发通货膨胀。但在金属货币流通的时代，货币量要受实物（金或银的产量）的限制，一旦货币量不能满足流通的需要（相对于货币需求而言，货币量减少），就会发生通货紧缩。我们把通货膨胀定义为物价水平的普遍上升，同理可以把通货紧缩定义为物价水平的普遍下降。

通货膨胀对经济的危害现在已为许多人熟悉，其实通货紧缩对经济的危害并不亚于通货膨胀。由于货币量减少引起的通货紧缩表现为物价水平下降和货币升值（货币的购买力增加）。这首先引起经济衰退。当工人与企业签订工资合约时，规定的是名义工资（或称货币工资），但在经济中起重要作用的是实际工资，即名义工资量的购买力。名义工资除以物价水平就是实际工资。当名义工资不变而物价水平下降时，实际工资增加。企业的产品在扣除成本之后剩下的是劳动的工资和企业的利润。工人实际工资的增加就是企业利润的减少。企业利润减少必然引起生产减少，从而引起经济衰退。

我国经济中也出现过这类情况。一是曾经有几年物价走低，与此相关是经济增长率放慢。二是某城市过去一味强调低物价，结果整个城市经济不振，许多企业停产或倒闭，工人失业严重。在物价低时我们常听到企业抱怨日子不好过，正是这个道理。企业日子不好过，经济能振兴吗？

通货紧缩给企业带来的另一个影响是债务负担加重。借款与利率都是按名义货币计算的。如果你借款时物价指数为100，但在偿还本金与利息时，通货紧缩为10%（即物价水平下降10%），你所偿还的本金与利息无疑增加了10%。在这样的情况下，企业如何敢借债进行投资呢？投资减少不仅减少了总需求，而且使企业无法增加投资，也影响了未来的增长，经济衰退是必然的结果。

那么，通货紧缩对工人是否有利呢？在通货紧缩时，工人的实际工资增加了，但这种情况只是暂时的。一旦企业减少生产，经济衰退，企业就不得不解雇工人。恐怕最终受害的还是工人。我们以上所说的某城市，正是因为物价水平低，经济衰退而引起失业工人增加、工人收入总体减少。表面看来，通货紧缩对债权人有利，因为他们得到的实际偿还本金与利息增加了。实际上这也是个假象。当债务人（如企业）由于生产减少、利润减少而无力偿还本金和支付利息时，债权人能得到实际的好处吗？而且，如果债务人由于通货紧缩而不肯借债，债权人又去赚谁的钱呢？

再从更广泛的角度看，通货紧缩还会引起整个社会支出的减少。在通货紧缩时，货币在升值，只要你不花钱，把钱存入银行，甚至窖藏起来，它就会升值。这样，人们就会减少消费，减少投资。总需求减少，总供给也无法增加。许多经济学家认为，适度的通货膨胀是经济增长的滑润剂。通货紧缩时，这种滑润剂没有了，整个经济运行放慢，社会会进入衰退。长期持续下去，这个社会就会变为一个停滞的社会。

由此可见，通货紧缩对社会有不可忽视的不利影响。我们往往对通货膨胀的危害性认识较为充分，而对通货紧缩的危害性缺乏认识。当然，在今天的社会里通货膨胀的发生比通货紧缩更常见、更普遍。但一旦发生通货紧缩对经济同样不利，因此，通货紧缩问题应引起足够的重视。

回到《欧兹国历险记》。从1880年到1896年，美国的物价水平下降了23%。这就引起农民负担沉重、经济停滞。通货紧缩的发生是由于黄金供给短缺。于是当时的人民党就主张采用金银都作为货币的复本位制，呼吁让人们自由铸造银币，以摆脱通货紧缩。这种争论在19世纪末期达到白热化的程度。在1896年的总统竞选中这是一个中心话题。在这次竞选中主张银币自由铸造的民主党人布赖恩败给了反对银币自由铸造的共和党人麦金莱。但这场争论是在阿拉斯加发现了金矿，加拿大和南非的黄金产量增加之后，通货紧缩结束才算消失。《欧兹国历险记》的作者是支持银币自由铸造的，所以，在书中陶利丝靠一双银拖鞋回到了家乡。可惜好莱坞改编时确不知其影射意义，把银拖鞋改成了红宝石拖鞋。

《欧兹国历险记》是影射一个世纪以前的事，但它关于货币量与物价水平关系以及通货紧缩危害性的含义在今天仍然有意义。

战争时期的货币武器

    列宁说过，摧毁资本主义制度的最好方法是破坏其通货。凯恩斯也说过，没有什么手段比毁坏一个社会的通货能更隐蔽、更可靠地颠覆这个社会的基础了。尽管他们是不同阶级的代表，但都肯定了通货膨胀对一个社会的破坏性作用。"二战"期间，德国曾印制假英镑，英国也曾印制假马克。看来对立的双方都懂得运用货币这种武器。要了解这种武器的作用就必须从通货膨胀及其原因和影响谈起。

    通货膨胀是物价总水平的普遍和持续上升。所谓"普遍"指不是一种或几种商品的物价上升，而是所有商品与生产要素的物价都上升。所谓"持续"指不是一次性物价水平上升，而是持续一段时间的物价水平上升过程。物价水平的上升可以用物价指数来表示。通货膨胀的另一面是货币的贬值。

    引起通货膨胀的原因有各种各样，例如总需求的增加，或生产成本增加，等等。但通货膨胀的最基本原因还是货币量的增加。根据货币数量，物价水平和货币的价值都取决于流通中的货币量。物价水平与货币量同方向变动，货币价值与货币量反方向变动。货币量增长率决定了通货膨胀率。根据世界各国的长期资料，尽管通货膨胀率与货币量增长率并不是完全一对一的同比例关系，但存在密切的正相关关系是确定无疑的。世界上任何一次极其严重的通货膨胀——每月通货膨胀率超过 50% 的超速通货膨胀——都源于货币量的迅速增加。从 20 年代和"二战"后的德国到 90 年代的南斯拉夫，莫不如此。因此，制造敌对国的假币，使货币量突然增加，以引起超速通货膨胀，就被作为一种作战武器使用。如果自己政府大量发行货币引起自己国内超速通货膨胀，那就无异于自掘坟墓了。中国解放前夕国民党大量发行金元券，引起超速通货膨胀，正是其垮台的直接原因。

超速通货膨胀的恶果是显而易见的。那么，没有这么严重的通货膨胀就可以掉以轻心吗？经济中难以实现零通货膨胀，有 2% 左右稳定的物价上升，即所谓的温和通货膨胀也就实现了物价稳定。即使没有超速通货膨胀，只要通货膨胀超过了温和的限度，并有加快的趋势，就值得引起注意了。现在我们分析这种加速通货膨胀对经济的影响。

我们把这种通货膨胀分为两种情况：可预期的与不可预期的。

当通货膨胀可以预期时它会引起几种成本。第一，当人们持有现金时要放弃把钱存在银行的利息。这是持有现金的机会成本。通货膨胀引起名义利率上升，持有现金的机会成本增加，从而人们减少现金持有量。现金少了，人们去银行的次数多了，把资源用于去银行的成本称为皮鞋成本。第二，企业改变价格要付出称为菜单成本的代价。菜单成本是饭店改变价格时印刷新菜单的成本，这表明企业改变价格是有成本的。第三，各企业价格变动不同，引起相对价格变动。第四，当名义收入随通货膨胀率调整而税法（起征点与税率）不变时引起税收扭曲。第五，引起价格作为计价单位的不方便。

皮鞋成本和菜单成本是一种浪费，把本来能用于生产的资源用于对付通货膨胀。相对价格变动引起资源配置失误是因为价格指引资源的有效配置。价格扭曲不利于价格的正常作用发挥。税收扭曲不利于激励，降低了效率。

不可预期的通货膨胀是人们无法预期到的通货膨胀。这时，除了上述不利影响加剧之外还引起在人们之间任意分配财富。在债权人与债务人之间，当实际的通货膨胀高于预期时，使债权人受害而债务人受益，当实际的通货膨胀低于预期时，使债务人受害而债权人受益。因为利率是根据名义利率确定的，实际利率等于名义利率减通货膨胀率。在名义利率既定时，实际的通货膨胀率高于预期的使实际利率下降；实际的通货膨胀率低于预期的使实际利率上升。在工人与企业之间，实际的通货膨胀率高于预期时使实际工资下降，工人受害而企业受益。实际的通货膨胀率低于预期时使实际工资增加，工人受益而企业受害。这种影响使经济中不确定增大，投资风险增大，投资与生产最终减少。

此外，如果加速的通货膨胀没有得到及时治理就会加剧，甚至发展为超速通货膨胀，到那时对经济就会带来灾难性影响。

在个别时期，通货膨胀也有过某些暂时好处，例如，通货膨胀使工人实际工资下降，企业实际利润增加会暂时刺激经济。通货膨胀也会在税法不变的情况下使政府税收增加。也有个别国家（如以色列）在高通货膨胀时仍然保持了高增长。但从整体上看，通货膨胀，特别是加速的、不稳定的、不可预期的通货膨胀对经济是不利的。企图从通货膨胀中得到暂时局部的好处往往是饮鸩止渴。而且，通货膨胀一旦开始，就会由于对通货膨胀的预期或由于通货膨胀本身的惯性而持续，甚至加剧。这时治理通货膨胀的代价要远远大于当初从通货膨胀中得到的蝇头小利。

稳定的物价是市场机制得以正常发挥作用的必要环境，也是经济持续增长的基础。正因为如此，各国都重视物价稳定，把它作为重要的宏观经济政策目标。只要自己控制货币量，稳定了物价，就没有人能破坏你的经济，敌国的货币武器也就失去了作用。怕的不是敌国破坏你的通货，而是自己破坏自己的通货。

经济转型中的通货膨胀

在一些人看来，计划经济好得不得了，既无失业又无通货膨胀。但这些优越性可惜只在字面上。波兰转向市场经济前一段历史告诉我们，计划经济中通货膨胀还严重得很，而且，与市场经济一样，长期中的原因是货币量发行过多，短期中总是总需求与总供给的不平衡和互动。今天我们再来看看这段历史还是颇有意义的。

波兰在 20 世纪 70～80 年间经历的灾难来自计划经济。计划经济时代，波兰与其他国家一样，生产效率低下，所有物质全面短缺，存在严重通货膨胀的压力，只不过在严格的价格管制之下，没有表现为物价上升。1970 年 12 月 13 日，波兰政府被迫提高物价，玩的是有升有降的把戏，人民不需要的东西降价，生活必需品提价从 3.6% 到 92.1%。这就引起人民反抗，酿成流血冲突的 12 月危机。

这次引发政治动荡的通货膨胀是需求拉动型的。这种通货膨胀是由于总需求增加快于或大于总供给所引起的。在经济中没有实现充分就业的情况下，总需求增加首先引起物价上升，然后物价上升刺激生产，总供给增加，物价下降。这种通货膨胀是暂时的。在经济中已经实现充分就业（甚至达到极限）的情况下，如果总需求增加则会由于总需求大于总供给而出现通货膨胀。

在市场经济条件下，如果仅仅是总需求的原因引起通货膨胀，市场机制的自发调节会使通货膨胀消失。当总需求的增加快于总供给时，物价上升会刺激总供给增加；当总供给无法增加时，物价上升也会抑制总需求。即使政府不采取任何政策，这种通货膨胀也难以持续。

但在计划经济之下，并不存在这种自发调节机制，由于体制上的原因，总供给又无法增加或者结构的不合理无法调整。这样，总需求引起的通货膨胀就会持续下去。波兰当时不存在这种通货膨胀消除的机制。

物价上升，人民反抗，政府不得不提高工资。工资是生产成本中主要的组成部分。成本增加，产品价格不得不上升，否则企业无法生存下去。由于成本增加引起的物价上升称为供给推动的通货膨胀。这种成本增加可以是工资增加，如波兰70年代的情况，也可以是其他成本增加，如美国70年代的石油价格上升。在波兰是需求拉动的通货膨胀引发了供给推动的通货膨胀。在经济中，总需求与总供给两种力量互动，使通货膨胀不断加剧。

波兰的情况正是如此。工资增加引起物价上升，物价上升又引起工资增加。工资与物价的这种互相推动在经济学中称为"工资与物价的螺旋式上升"。伴随这一过程是政府为了应付日益增加的支出不得不增加货币发行量。货币量超速增加使通货膨胀更难以控制。

盖莱克上台后为了发展经济采用了高速发展战略，实行高积累、高消费政策。从1973年到1978年积累高达30%，居民实际收入增加75%。这就使投资和消费需求大幅度增加，即总需求进一步增加。这种政策使波兰出现了70年代的蓬勃发展。这种发展的重要基础是从西方获得了大量贷款。但西方的石油危机使这种贷款无法维持，外债严重。加之盲目投资，投资面过大，尤其是基本建设规模过大，工业内部比例失调，农业停滞，引起经济停滞。这就是说，总需求大幅度增加，而总供给没有相应增加，又一次出现需求拉动的通货膨胀，其中与人民生活关系密切的肉价上涨69%，黄油上涨50%，食糖上涨100%。波兰又处在危机之中，80年代初团结工会成立。经济中又一次出现物价与工资的螺旋式上升，通货膨胀加剧，并激化了波兰的政局动荡。直至团结工会上台进行彻底的市场化改革，情况才开始改变。

波兰的通货膨胀源于总需求，即计划经济下总需求小于总供给的短缺格局。但这种通货膨胀的加剧又源于供给推动，即总供给无法适应总需求而增加。限制总供给的则是计划经济体制。这说明在任何一种经济中，通货膨胀都产生于总需求与总供给的互动。

应该说，任何一个经济都难免发生通货膨胀。波兰的通货膨胀之所以发展到十分严重的程度，还在于它缺乏解决这一问题的机制。除了市场机制的自发调节作用不存在之外，就是政府的政策不适当。在动荡的政局中，波兰政府为了一时的安定，向工人让步，不断提高工资，所采用的高积累、高消费政策又不符合波兰的实际条件，政府缺乏强有力的制止通货膨胀的政策（如美国 70 年代末沃尔克领导的美联储采取的严厉紧缩政策）。这一切使总需求与总供给互相推动，通货膨胀成为极为严重的问题。

在许多从计划经济转向市场经济的国家中，都发生过严重的通货膨胀，波兰仅仅是其中的一个例子。而且，由于计划经济国家用行政手段控制价格，所以，一旦价格放开，高通货膨胀就是结果。只有在经历一段痛苦的经济转型之后，这种通货膨胀才得以缓解。这告诉我们，在任何一个经济中，实现物价稳定的关键还是总需求与总供给的平衡。

反通货膨胀的功与过

70 年代是美国经济不堪回首的年代。严重的通货膨胀和失业（称为滞胀）困扰着美国。1979 年夏季，通货膨胀率高达 14%，失业率高达 6%，经济增长率不到 105%。正是在这种严峻的形势下，保罗·沃尔克受命担任美联储主席。

沃尔克上任之后把自己的中心任务定为反通货膨胀，并为此采取了紧缩性货币政策。1979 年 9 月，沃尔克把贴现率提高了 0.5%，见效不大。11 月份又把贴现率从 11% 提高到 12%。在此后的 5 个月中，货币供给量一直减少，但通货膨胀率仍在 10% 左右，并在 1980 年 2 月达到 14.9%，商业银行的优惠贷款利率却高达 15.25%。这就引起经济衰退，失业率高达 10%，是自 30 年代大萧条之后的最高水平。沃尔克的这种政策引起各方反对，并直接使任命他的卡特总统竞选失败。但沃尔克坚持认为物价稳定是经济好转的必要条件，顶住压力继续实施这种政策。1983 年和 1984 年通货膨胀终于降到 4% 左右。随后美国经济进入 80 年代的复苏与繁荣。支持沃尔克的人把他称为反通货膨胀的英雄，反对沃尔克的人认为付出的代价太高了，称他为 30 年代之后美国最严重衰退的祸首。沃尔克的功过至今没有定论。

战后世界上许多国家都出现过美国 70 年代末 80 年代初的这种情况。治理通货膨胀引起失业加剧、经济衰退已不是什么新鲜事了。难道治理通货膨胀一定要以高失业率为代价吗？为了回答这个问题，我们需要引进一个新概念：菲利普斯曲线。

菲利普斯曲线的命名来自它的发现者。1958 年，在英国工作的新西兰经济学家菲利普斯研究了 1861 ～ 1957 年英国失业和货币工资变动率之间的关系，发现这两者之间存在非线性的负相关关系。货币工资率变动与通货膨胀变动是同步的，因此，这表明通货膨胀与失业之间的关系也是负相关的。这就是说，通货膨胀与失业之间存在一种交替关系。这就是说，当通货膨胀率高时，失业率低；当通货膨胀率低时，失业率高。这两者就像儿童玩的跷跷板一样，一边上去了，另一边就下来。

1960 年，美国经济学家萨缪尔森和索洛用美国的数据证明了这种关系的存在。他们的推理是，低失业与高总需求相关，而总需求高会带来工资增加与物价上升的压力，引发通货膨胀。他们还运用这一关系来指导经济政策。在失业严重时运用扩张性财政与货币政策，以提高通货膨胀率为代价降低失业率。在通货膨胀严重时运用紧缩性财政与货币政策，以提高失业率为代价降低通货膨胀率。

70 年代的滞胀引发了高通货膨胀与高失业并存，打破了传统菲利普斯曲线的这种关系。于是对这条曲线提出了不同的解释。货币主义者弗里德曼等人提出了附加预期的菲利普斯曲线。这就是说，当考虑到适应性预期时，菲利普斯曲线所表示的关系只在短期中存在，而长期中并不存在。适应性预期是指人们可以根据过去预期的失误来修改对未来的预期。当发生了不可预期的通货膨胀时，工人的实际工资下降，而企业的实际利润增加，这就刺激了企业增加生产，增雇工人，从而失业减少。这是短期中菲利普斯曲线表示的通货膨胀与失业的交替关系。但在长期中，工人会调整自己的预期，要求提高工资。当实际工资恢复到通货膨胀前的水平时，企业的生产和失业都恢复到以前的水平。通货膨胀上升了，失业并没有减少。这两者之间不存在交替关系。

以卢卡斯为代表的理性预期学派用理性预期来解释菲利普斯曲线。认为无论在短期或长期中都不存在通货膨胀与失业的交替关系。理性预期是根据所有可得到的相关信息做出的预期。根据理性预期，人们对通货膨胀的预期值与以后发生的实际值是一致的。由于人们得到了政策在高失业时必然提高通货膨胀的信息，所以就可以在这种政策发生作用之前要求提高工资。这样，即使在短期中扩张性政策也没有刺激生产减少失业的作用，更不用说在长期中了。

经济学家对菲利普斯曲线的解释存在着分歧。但现在大多数经济学家承认短期中通货膨胀与失业之间的交替关系。美国经济学家曼昆在其畅销的《经济学原理》中把"社会面临通货膨胀与失业之间的短期交替关系"作为经济学的十大原理之一。沃尔克的反通货膨胀政策引起30年代之后最严重的失业与衰退，正是这一原理在发生作用。

沃尔克把通货膨胀率压低到4%左右的成功是以短期内高达10%的失业率和30年代之后最严重的衰退为代价的。经济学家把通货膨胀减少1%的过程中每年产量（GDP）减少的百分比称为牺牲率。对牺牲率大小的估算并不相同，但都承认牺牲率的存在。产量的减少则会引起失业率上升。世界上没有免费午餐，任何成功都要付出代价。既要降低通货膨胀又要不减少失业的好事并不现实。从这种意义上说，沃尔克的功与过本是一个整体。无过就不可能有功。

许多美国经济学家认为，沃尔克反通货膨胀的代价并没有以前预期的那么大，因为他坚定反通货膨胀的态度影响了人们的预期。当人们预期通货膨胀会很快得到制止时，反通货膨胀政策会更有效。沃尔克至今不为当初的政策后悔。稳定物价是经济发展的基本条件。当然如果沃尔克"下药"不那么狠，也许代价会更小一些。

大萧条的经验与教训

　　1929 ～ 1933 年的大萧条波及面之广、时间之长、衰退之严重，都称得上是空前绝后。在美国，GDP 减少了 1/3 左右，倒退了 20 多年，失业率高达 25%。社会动荡，民不聊生，当时的一句流行语是"革命就在拐弯处"。大萧条已经过去近 70 年了，但对这次灾难性事件的研究一直没有中断，直至现在，经济学家仍然在争论：使大萧条如此严重的原因是什么？

　　1929 年年初，美国经济处于充分就业，失业率仅为 3.2%，到处弥漫着一种乐观的气氛。但这种看似繁荣的景象在某种程度上是由房地产和股市投机支撑的——泡沫下面啤酒不多。10 月 27 日股市突然崩溃，两周之内股价下跌了 1/3。经济由极盛转向持续 4 年的极衰。经济中的衰退与萧条、股市崩溃、泡沫破灭在历史上也出现过，为什么这次如此严重呢？

　　美国经济学家彼得·蒂明在一本题为"是货币力量引起大萧条吗"的书中提出，使大萧条如此严重的关键因素是总支出的持续减少。引起总支出减少的原因很多，但主要是悲观情绪与不确定性的加剧。20 年代是极其繁荣的年代，建筑业的空前高涨带动了整个经济。但这种繁荣中隐含了极大的不确定性。这种不确定性一方面来自国际，即世界经济的格局发生重大变动，英国在衰落，军国主义的德国和日本在兴起，各国保护主义倾向加强，国际通货波动。另一方面来自国内，即房地产与资本品部门的繁荣中泡沫成分相当严重，没有人相信繁荣会无限地持续下去，又都想在崩溃前捞一把。股市崩溃使这种不确定性变为现实，泡沫终于破了，人们的情绪转向极度悲观。住房与耐用消费品购买急剧减少，建筑业几乎消失了。在这种不确定与悲观情绪的加强中，支出继续减少，终于引起如此严重的衰退。所以，大萧条源自泡沫经济引发的支出持续而大幅度减少。蒂明并不否认货币量减少等因素对支出减少的作用，但强调的是总支出减少本身。

弗里德曼和施瓦茨在《美国货币史：1867～1960年》中强调了使萧条如此严重的是货币因素，即货币供给量的大量减少。1930～1933年间，名义货币供给量减少了20%。如果考虑到物价水平下降，实际货币供给量的减少就更大了。货币供给的减少并不是由美联储的行为引起的（美联储的货币发行量并没减少），而是由银行倒闭引起的。在繁荣时，银行发放了大量不良贷款，一旦企业破产，这些贷款就无法收回。银行的存款超过了贷款的实际价值。准备金严重不足，连储户的活期存款都无法支付。这就引起挤兑风潮，波及那些本来还可以正常营业的银行。于是，银行大量破产，银行创造货币的机制不起作用，货币供给量大幅度减少。银行破产和货币供给量减少又加剧了企业由于金融破产以及名义利率与实际利率大幅度上升。这正是引起总支出减少的根源。

现在我们难以判断哪一种观点更正确。但有一点共识是货币因素和支出因素都在起作用。争论无非在于哪个因素更重要而已。

对历史的研究目的在于指导现实。在大萧条之后许多制度的建立和变动对制止这种大萧条的发生起到了积极作用。这些变动是：第一，政府建立联邦存款保险公司，对银行存款（10万美元以下的）提供保险。第二，美联储起到银行最后贷款人的作用。这两条防止了挤兑和银行破产。第三，政府通过支出和税收调节总支出。第四，家庭收入多元化。这两条防止了总支出的大幅度减少。

尽管现在还没有人确定地预言以后不会再出现30年代这样严重的大萧条。但普遍认为发生这种大萧条的可能性大大减少了。1987年10月，美国股市又出现了30年代那样的崩溃，美国经济学家巴特拉曾在他的《1990年大萧条》中预言了 90 年代还会出现与 30 年代同样的大萧条。尽管他的这本书畅销一时，曾名列《纽约时报》15 本非小说类畅销书的第 3 位，但这种预言终究没有实现。这本书也早被人遗忘了。人们从历史中学得聪明起来了，战后经济周期的波动远远小于战前，衰退时间短而不严重，扩张与繁荣的时间长而强劲正说明了这一点。

然而，大萧条的教训仍然对我们有启发意义。日本 90 年代的衰退尽管没有美国 30 年代的大萧条那么严重，但有些现象何其相似乃尔：这次衰退前日本经济的繁荣也在于房地产业和股市的虚火。泡沫太多了，一旦泡沫消失，人们看到那点少得可怜的啤酒时就会对经济失去信心。这时如果政府不采取有效的措施，衰退就是必然的。其实也不仅仅是日本，发生危机的东南亚国家哪个不是经历了泡沫过多的虚假繁荣？

我们没有出现过美国 30 年代式的大萧条，没有发生日本 90 年代那样的长期衰退，在东南亚危机之前我们及时加强了宏观调控，防止了泡沫经济。但这并不能保证我们以后不会犯错误。大萧条告诉我们，经济发展要脚踏实地、谨防泡沫，金融体系要安全可靠，加强监管。这正是我们在今天研究 30 年代大萧条这段历史的意义。

减税如何刺激经济

小布什是个"倒霉孩子"。当他费尽九牛二虎之力登上总统宝座时，美国经济进入了衰退。如何使经济保持克林顿时期的繁荣是小布什上台伊始面临的考验。这正是小布什提出减税的背景。减税如何能刺激经济呢？这就必须了解财政政策。

财政政策是政府运用支出和税收变动来调节经济的政策工具。其实只要有政府就有财政政策，但传统财政政策与现代财政政策有不同的目的。在30年代凯恩斯主义出现之前，财政政策的目的是为政府的支出筹资，以实现收支平衡为最优。自从政府承担了稳定经济的职能之后，财政政策不仅要为政府支出筹资，还要调节经济，以实现稳定。

财政政策包括政府支出与税收。支出与税收影响总需求，从而成为调节经济的重要工具。具体来说，政府支出包括政府物品与劳务的购买、政府公共工程投资和转移支付。税收主要是个人所得税和公司所得税。政府增加物品与劳务的购买刺激私人投资，政府公共工程投资增加本身就是投资，政府增加转移支付就增加了个人可支配收入，从而刺激了消费。政府减少个人所得税，增加了个人可支配收入，刺激了消费。政府减少公司所得税则刺激了私人投资。所以，增加政府支出和减税是扩张性财政政策，相反，减少政府支出和增税是紧缩性财政政策。小布什的减税正是这种扩张性财政政策。当然，小布什还准备增加国防开支。这既加强了美国在世界上的强国地位，又可以刺激经济，可谓一箭双雕。

在美国历史上，财政政策的确起过重要作用。30 年代的罗斯福新政就是增加政府支出的例子。当时政府增加公共工程投资（如田纳西河治理），对经济恢复起到了积极作用。战后，艾森豪威尔政府投资于高速公路建设也有效地防止了从战争经济转向和平经济中的严重衰退。60 年代肯尼迪和约翰逊政府实行减税，也促成了 60 年代经济繁荣。80 年代里根政府的减税无疑是 80 年代美国经济复兴的重要原因。相反，在经济衰退时不采取这类财政政策则会加剧经济衰退。小布什的父亲老布什就是在 1991 ～ 1992 年的衰退中没有采取有力的财政政策，而在竞选中败给毛头小子克林顿的。看来小布什吸取了历史经验，也从父亲的失败中得到了教训，一上台就准备采取减税的政策。

当然，小布什的减税政策能否实现，实现之后能否起到应有的作用还取决于许多因素。美国的财政政策并不是总统一个人说了算，而要经过国会讨论通过，然后由总统批准后实施。任何一项政策，无论是变动政府支出还是税收，会给不同利益集团的人带来不同的影响。国会议员代表不同利益集团，任何一项政策都会有争议，不会一致同意或否定。国会以多数原则通过的财政政策变动是各利益集团斗争与妥协的结果。所以，小布什的减税政策能否得到国会通过仍是一个问题。只有在国会通过之后，减税才能实施。

减税政策实施之后能否见效也还取决于许多因素。例如，减少个人所得税的目的是增加个人可支配收入，从而刺激消费。减税可以增加收入，但收入增加是否消费一定增加就是另一个问题了。老布什也曾在 1991 年减过税，但由于那次减税是临时的，而且实际上仅仅是把现在的税收推迟到以后，所以，对消费并没有起到刺激作用。小布什吸取了老布什的教训，不搞这种减税了。但如果消费者对未来经济前景信心不足，减税也不一定会起到预期的作用。看来小布什在刺激经济繁荣的路上不会是一帆风顺的。

货币政策由中央银行（美联储）决定，做出政策决策快，但由于这种政策间接发生作用，对经济的影响要在政策实施后的 6 ～ 9 个月的时间。与此相比，财政政策要经过总统提出和国会通过，决策起来慢一些。但一旦实施则见效快，尤其是增加支出政策，一旦政府增加物品与劳务购买或投资于某项公共工程，则经济可以得到迅速刺激。小布什增加国防支出，准备部署NMD（国家导弹防御体系）的计划如果能通过则会对经济起到促进作用。

财政政策固然有刺激经济的作用，但也有限制其作用的因素。首先，如果为了有效刺激经济，既增加支出又减少税收，就必然增加财政赤字。克林顿执政时已成功地减少了赤字，如果小布什又使赤字增加，对其形象肯定不利。其次，如果没有货币政策的配合，扩张性财政政策增加总需求会引起利率上升，利率上升又会抑制私人投资增加。这种政府支出增加减少了私人支出的后果被称为财政政策的挤出效应。挤出效应削弱了扩张性财政政策的作用。最后，在开放经济中财政政策的作用并没有货币政策重要。因为财政扩张引起的利率上升会使一国资本流入增加，汇率上升。汇率上升则不利于出口增加。看来要使扩张性财政政策起到作用还必须有扩张性货币政策配合。好在格林斯潘还是配合小布什的，已在小布什上台后采取了降息的扩张性货币政策。这使小布什感到欣慰，也为小布什保持经济繁荣增加了几分把握。

不要踩在美联储的头上

美联储（美国联邦储备委员会）作为美国的中央银行是一个颇为特殊的机构。它既不受议会领导，又不受政府领导。它的这种独立性被认为是成功地调节经济的基础，也为其他国家中央银行所羡慕。

但在 90 年代中期，这种独立性遇到了挑战。一些国会议员提出了一些削弱美联储独立性的提案。这种主张理所当然地遭到经济学家的迎头痛击。哈佛大学教授、著名的经济学家费尔德斯坦夫妇撰文呼吁"不要踩在美联储的头上"。

美联储是如何保持独立的？为什么这种独立性有利于经济？了解这一点对我们认识中央银行的重要性与我国中央银行改革的方向是有启迪的。

美联储的独立性是由立法规定的组织与任命制度赋予的。美联储是在20 世纪初的一系列银行倒闭事件后由国会决定在 1914 年建立的。它的组织包括设在华盛顿的美联储及全国一些主要城市的12 个地区联邦储备银行。其最高领导机构为总统任命并得到参议院确认的 7 名理事组成的理事会。每位理事任期 14 年，每 2 年更换一位。理事会主席也由总统任命并经参议院确认，任期 4 年，可以连任。其任命的时间与总统任期错开。地区联邦储备银行总裁由该银行理事会选出，不由政府任命。一般由在美联储体系中工作多年的货币专家担任。美联储制定货币政策的机构是联邦公开市场委员会，由美联储 7 位理事和 12 个地区联邦储备银行总裁组成（这些地区联邦储备银行总裁中有 5 位有投票权，除纽约联邦储备银行总裁外，其他总裁轮流有投票权）。

美联储的独立性来自两方面。一是美联储理事与主席一旦任命，国会和政府都无权干预他们的决策，也无权随时撤换他们。二是地区联邦储备银行的总裁由选举产生，不由政府任命。一些国会议员想削弱美联储的独立性正是从这种任命制度入手的。一种建议是把美联储理事的任期由 14 年减少为 2 年，另一个建议是把地区联邦储备银行总裁的选举制改为任命制，并取消他们在联邦公开市场委员会的投票权。这样，政府和议会就通过把货币政策决策权交给理事会，并频繁更换理事来影响货币政策。美联储失去货币政策的独立决策权也就失去了独立性。

这种削弱美联储独立性的主张遭到经济学家的一致反对，因为这种独立性是美联储政策不受政治影响并更好地稳定经济的基础。

在美国，调节宏观经济的财政政策和货币政策由不同的机构决定，即议会和政府共同决定财政政策，美联储决定货币政策。由不同的机构决定不同的政策，使两种政策又以互相制约，避免重大政策失误。例如，70 年代末美国高失业与高通货膨胀并存，政府与议会把减少失业作为主要任务，采用扩张性财政政策，美联储则认为通货膨胀是主要问题，采用紧缩性货币政策。正由于美联储的坚持才迅速制止了当时严重的通货膨胀，使美国经济进入 80 年代的繁荣。如果美联储没有独立性，配合政府采取扩张性货币政策，其后果不可设想。当然，分别决策并不意味着总是对立。在大多数情况，这两种由不同机构决定的政策还是相互配合的。

美联储的独立性之所以重要就在于它更少受政治影响。政府和议会在制定财政政策时往往有一些出于政治动机的考虑。例如，在面临总统大选时，现任政府为了连选连任往往会冒通货膨胀加剧的风险采用扩张性财政政策，这不利于经济的稳定。美联储的决策则超脱了这些政治考虑，更符合经济的实际情况。从美联储的历史来看，尽管它也并不是永远正确的，但总体上是功大于过，对稳定经济起到了积极作用。它成功的原因正在于体制和决策上的独立性。

世界各国的中央银行有两种类型。一种是独立的，像美国的美联储和德国的中央银行。另一种是不独立的，属于政府，或是财政部下属的单位，如英国和日本的中央银行。根据经济学家的研究，中央银行的独立程度与物价稳定程度是正相关的。这就是说，一国的中央银行越独立，其物价越稳定。这是因为中央银行在决定政策时更加关注物价稳定，而政府更加关心刺激经济。如果中央银行由政府领导，其货币政策配合政府的财政政策，尽管经济会有一时繁荣，但物价难以稳定。那些发生超速通货膨胀的国家，其中央银行是附属于政府的，无法控制货币量。这才会无限制地发行货币，引起灾难性的超速通货膨胀，最终毁灭一国经济。

当今世界上许多国家都更加关注物价稳定，因为稳定的物价是市场机制更好地调节经济的基础，也是经济稳定的必要条件。许多国家的货币政策都向中性化发展，即不把货币政策作为刺激经济的手段，而是作为稳定经济与物价的工具。使货币政策中性化的前提是决定货币政策的中央银行独立化、中性化。因此，使中央银行独立是一种世界趋势。欧洲中央银行选德国人当行长，正是因为在欧洲各国中德国的中央银行独立性最强。由这样的人当行长，当然有利于加强欧洲中央银行的独立性。

美联储本来是独立的，几个议员非要逆历史潮流而动，削弱美联储的独立性。无怪乎他们要遭到一片反对了。中央银行的独立性恐怕也是我们市场化改革中要解决的问题之一。

格林斯潘的经济魔术

在美国，美联储主席格林斯潘在职期间曾被认为是仅次于总统的第二号人物。他的一言一行都受到全国和全世界的关注。他知道自己"一言可以兴邦，一言可以灭邦"，说话特别谨慎，习惯于用一种故意让你听不懂真实含义的"美联储语言"。他甚至用这种语言向女朋友求婚，由于女友没听懂而使这段美满的婚姻拖了几年。格林斯潘用什么魔术来对经济产生这么大影响呢？这就要了解货币政策。

货币政策是中央银行（如美国的美联储）通过调节货币量和利率来影响经济的政策。简单来说，中央银行增加货币量、降低利率可以刺激经济，这称为扩张性货币政策。相反，中央银行减少货币量、提高利率可以抑制经济，这称为紧缩性货币政策。中央银行在经济衰退失业严重时采用扩张性货币政策，在经济扩张通货膨胀加剧时采用紧缩性货币政策。

我们用美国90年代的情况来说明货币政策的作用。克林顿政府上台时美国经济处于衰退中。为了刺激经济，美联储采用了扩张性货币政策，降低利率，增加货币量。这种政策有两个显著的作用。第一，增加了投资。在总需求中投资是最重要的。降息减少了企业投资筹资的成本，企业愿意投资。以知识为基础的新经济需要对电子、信息、生物工程等新兴行业的大量投资。降息鼓励了投资，这些部门迅速发展，带动了整个美国经济的发展。第二，降息提高了股票价格。在经济中，利率与股价反方向变动。当利率下降时，人们把资金用于购买股票，股价上升。由于美联储降息，股价一路上升，道•琼斯工业平均指数突破 1 万点大关。股市的活跃进一步鼓励了投资。同时，美国许多人拥有股票，股价上升使他们的资产增加。这就加强了消费者的信心，刺激了消费增加。长期以来，美国的边际消费倾向为 0.676 左右。在 90 年代，边际消费倾向上升为 0.68。别看仅仅是 0.004，对经济的影响却是相当重要的。格林斯潘玩的降息魔术对经济的刺激作用不可低估。

当 90 年代末，美国经济有过热的迹象时，美联储又提高利率，以防止可能出现的通货膨胀加剧。进入 21 世纪后，美国经济有衰退的迹象，美联储又降息。美联储正是交替地运用扩张性和紧缩性货币政策来调节经济，使经济处于低通货膨胀的持续增长中。这一政策总体上是成功的。这正是作为美联储主席的格林斯潘的重要性所在。

那么，美联储如何运用这种货币政策呢？一般来说，货币政策有三种工具：公开市场活动、变动贴现率和变动准备率。这些工具影响货币量，而货币量影响利率。公开市场活动是中央银行在金融市场上买卖政府有价证券。当中央银行买进政府有价证券时，向出卖者支付货币，这就增加了流通中的货币量。相反，当中央银行卖出政府有价证券时，买者支付货币，这就减少了流通中的货币量。贴现率是中央银行向商业银行进行贷款的利率。提高贴现率减少了商业银行向中央银行的贷款量，减少了商业银行发放的个人或企业贷款，减少了流通中的货币量。相反，降低贴现率则会增加商业银行的贷款量，增加货币量。准备率是商业银行吸收的存款中作为准备金留在银行的比率。当存款既定时，提高准备率，减少了商业银行的贷款，减少了流通中的货币量。当降低准备率时，则减少了商业银行的贷款量和流通中的货币量。在这三种工具中最重要的是公开市场活动。

就美联储的具体做法而言是调节联邦基金利率，并通过调节货币量来达到这一目的。美联储关注的利率是联邦基金利率。联邦基金利率是商业银行之间相互拆借的利率，对其他利率有重要的影响。美联储通过调节联邦基金利率来影响其他利率。影响联邦基金利率的是货币量。比如最近美国经济有衰退的迹象，于是美联储决定降低 0.5 个百分点的联邦基金利率。为了实现这一目的就要增加货币量。所以在作这种降息决定的同时，美联储就让纽约联邦储备银行在公开市场上买进政府有价证券。这样，流通中货币量增加，利率自然就下降了。有时美联储也会调整贴现率来调节货币量和利率，而调整准备率这种工具很少使用。

货币政策是一种间接的手段，从运用政策工具到影响各种利率，再到真正影响经济要有一个过程。根据经济学家的研究，从开始采取货币政策到这种政策完全发生作用，需要 6 ~ 9 个月的时间，这种作用会持续两年。货币政策并不是立竿见影的，这就要求中央银行能正确地预测未来的经济趋势，及时采用相应的货币政策。比如，如果预测经济在今后某一时期中会出现衰退，就要提前采用扩张性经济政策。如果经济衰退已经发生，再采用货币政策就来不及了。所以说，货币政策的作用在于经济预测的正确性。美联储有一大批专家密切关注美国经济的动向，进行经济预测。这是美联储的货币政策能起到积极作用的基础。

美国是世界上最强大的国家，它的经济状况对各国影响极大。格林斯潘的言行不仅影响美国经济，而且还影响各国经济。这正是格林斯潘的言行备受各国关注的原因。

货币政策的魔术原理其实很简单，但运用这种简单的原理是一门艺术。应该说，格林斯潘玩这套魔术的手法还是高明的。90 年代美国经济繁荣，格林斯潘功不可没。这正是格林斯潘在美联储主席的位子上稳稳坐了近20 年的原因。

凯恩斯主义的全盛时代

1946 年，美国的《就业法案》宣称："促进充分就业和生产……是联邦政府一贯的政策和责任。"这标志着凯恩斯主义通过国家干预实现充分就业的理论和政策得到了肯定。但凯恩斯主义的真正全盛时期不是战后的 50 年代，而是 60 年代肯尼迪政府时期。

尽管通过了体现凯恩斯主义精神的《就业法案》，但 50 年代美国的经济政策仍然是谨慎的，尤其对赤字财政不敢贸然采用。在艾森豪威尔当政的 8 年（1952 ~ 1960 年）中，美国的赤字并不多，有 3 年还有财政盈余，最高的赤字仅为 125 亿美元。与此相应，经济增长缓慢。在这些年间，每年增长率平均仅为 2.5%，远远低于苏联、德国、法国、日本和意大利，而且在 1953 ~ 1954 年、1957 ~ 1958 年、1960 ~ 1961 年发生三次衰退。肯尼迪上台后面对的是经济停滞，振兴美国经济成为头等大事。

肯尼迪任命青年凯恩斯主义经济学家海勒为总统经济顾问委员会主任，托宾和戈登为委员。海勒在其老师、著名凯恩斯主义经济学家托宾的帮助下，提出了一个真正体现凯恩斯主义精神的经济增长政策。

这个政策的目标是实现充分就业。这就是说，当某一年的实际 GDP 小于该年的潜在 GDP 时，即使经济并未发生衰退，也要用扩张性政策刺激总需求，使实际 GDP 达到潜在 GDP。

以海勒为首的总统经济顾问委员会根据 50 年代的经验，把 4% 的失业率作为充分就业，这时所能达到的实际 GDP 就是潜在 GDP。由于 1955 年失业率为 4%，所以把这一年的实际 GDP 作为潜在 GDP 的基准。然后，根据劳动力增加和生产率的提高，把 1961 年以后充分就业的增长率确定为 3.5%，以此来计算以后各年的潜在 GDP。如果连续两年的实际 GDP 增长率没有达到 3.5%，即使没有衰退也要采用扩张性政策。因此，经济政策不再是 50 年代的"逆经济风向行事"，即繁荣时抑制总需求，衰退时刺激总需求，而是以刺激总需求为基调。

托宾认为，潜在的增长是一个供给和生产能力问题，而把实际产量恢复到潜在水平则是一个总需求问题。刺激总需求正是凯恩斯主义的核心。刺激总需求的方法是扩张性财政政策和货币政策。所以，托宾指出，这种充分就业政策的工具是"磨尖我们的财政和货币工具"。

凯恩斯强调的财政政策是赤字财政政策。但在 50 年代经济学家和决策者对财政赤字仍然心有余悸。所以，托宾强调，要实现充分就业必须从害怕赤字的框框下解放出来。财政预算不以收支平衡为目标，而以充分就业为目标。这就是要在减税的同时增加政府支出，以赤字财政来刺激经济。

减税是赤字财政的一个重要内容。在肯尼迪—约翰逊政府时期，个人所得税率从 20% ～ 91% 降到 14% ～ 65%；公司所得税率从 52% 降到 47%，其中收入在 2.5 万元以下的公司税率从 32% 降到 22%。此外还实行投资赋税优惠（公司用于投资的利润免税）和加速折旧、降低公司所得税。在减税的同时又增加政府支出，包括用于"向贫穷开战"的社会福利支出和用于越战的军事支出。

凯恩斯本人更加偏爱财政政策，认为货币政策的作用是有限的。因为货币政策通过降低利率来刺激私人投资，但在衰退严重时，利率对投资的刺激作用有限，何况由于流动偏好（即人们对现金的偏好）的存在，利率的下降有一定限度（即存在无论货币量如何增加利率无法再下降的流动性陷阱）。但海勒和托宾强调了货币政策的重要性，即"货币成分和财政成分可以依不同比例混合在一起，以达到所要求达到的宏观经济效果"。

这一时期美联储主席是马丁，在他领导下的美联储总体上配合肯尼迪政府的扩张性财政政策，采取了扩张性货币政策。马丁表示愿意为任何生产的扩张提供追加的货币供给。由于货币供给量增加，在连续 33 个月之后长期私人贷款利率是下降的。美联储还用多种办法（如降低私人抵押贷款利率）降低利率，财政部也通过延长债券期限等方法影响货币量与利率。

　　充分就业的政策的确刺激了经济，托宾总结道：经济享有 5 年不停的扩张，4% 的失业率目标已经实现，实际 GDP 增长了 31%，创造了 680 万个新就业机会，物价上升每年仅为 2% 左右。凯恩斯主义政策的实施带来了经济繁荣，也使凯恩斯主义经济学达到全盛时期。

　　但盛极必衰。60 年代的扩张性经济政策在 60 年代后期开始出现恶果。连续的扩张性财政政策使财政赤字增加，同时扩张性货币政策引起通货膨胀加剧。加之，70 年代初世界石油价格上升。这样，美国经济中第一次出现了高失业与高通胀并存的滞胀，开始了 70 年代这个美国经济的灾难时期。

　　经济的危机引发了经济学的危机。凯恩斯主义经济学受到来自各方的抨击。在凯恩斯主义内部，新剑桥学派的琼·罗宾逊攻击美国的凯恩斯主义者歪曲了凯恩斯的本意。在凯恩斯主义之外，来自右方的货币主义者和来自左方的激进经济学都力图从根本上否定凯恩斯主义。凯恩斯主义由盛转衰。当然，正是在这种争论之中，宏观经济学又向前迈出了一大步。

政策运用的经济前提

在 90 年代，美国经济的强劲扩张在相当大程度上得益于货币政策。所以，格林斯潘这位美联储主席被称为仅次于总统的第二号人物。小布什上台首先也是会见格林斯潘。

近年来，面对国内总需求不足，我国中央银行也增加货币量，七次降息，但效果似乎并不显著，其标志之一是银行存款和增长率并没有下降多少。这些年经济回升主要还是靠增加公共投资支出的扩张性财政政策。为什么货币政策在美国起了重要作用，而在我国作用并不明显呢？

我们知道，现在各国所用的货币政策主要是通过调节货币量来影响利率，并通过利率变动影响总需求中的投资和消费。但利率变动对经济的影响有多大，则取决于各国的具体情况。我们以中美不同的国情来说明这一点。

利率所影响的投资主要是企业固定投资和居民住房投资，最重要的还是企业固定投资。在美国这样的发达市场经济中，私人是投资主体。企业投资于固定资产的目的是为了利润最大化。利息是投资的成本之一，在利润率既定时，利率越低，纯利润越高，企业越愿意投资。此外，美国 90 年代信息、电子、生物工程等高科技部门投资需求急剧增加，降息就有效地刺激了投资增加。住房投资，即私人购买或建造住房，是利用长期抵押贷款进行的。由于期限长，利率微小的变动都影响极大。例如，假设是为期25年的10万元贷款，当年利率为5%时，每月偿还本息共584元，当年利率为10%时，每月偿还本息共908元，当年利率为15%时，每月偿还本息1280元。由此看出，当利率上升一倍时，每月偿还的本息也几乎上升一倍。住房贷款对利率变动十分敏感。降息当然拉动了住房投资。

利率对消费并没有直接影响。但对消费的间接影响也不可忽视。这主要是股市价格与利率成反方向变动。一般而言，当利率下降时，股市价格上升。90年代后期美国道·琼斯工业平均指数突破1万点大关，与降息的扩张性货币政策密切相关。股票是美国人财产的主要形式之一。股价上升就是财产的增加。假如一个有10万股股票的人，如果每股股票从10元上升到20元，就等于他的财产从100万元增加到200万元。财产是直接影响消费支出的原因之一，因为财产收入也是决定消费的收入组成部分。股价上升，资产增值还增强了消费者的信心，使他们更敢花钱。美国的边际消费倾向从0.676上升到0.68与股市的影响不无关系。

利率下降引起的投资与消费互动以及股市价格上升无疑对90年代美国经济起了重要的推动作用。这正是货币政策在美国的重要作用。

与美国相比，中国还不具备货币政策发生作用的这些条件。在我国企业还没有真正成为独立的投资主体。国有企业的投资在某种程度上还受政府支配。这样，企业固定投资对利率并不敏感。民营企业是独立投资主体，但中国民营企业仍以中小企业为主，真正能进行大量投资的企业不多。何况在贷款、进入限制等方面对民营企业投资的限制，使降息也起不到多大的刺激作用。同时，现在我国一些行业存在供大于求的问题，即使降息也难以起到刺激投资的作用。

从中国的住房市场来看，阻碍居民购房的不是利率高，而是价格高。一方面住房成本由于种种原因降不下来，另一方面居民收入有限。

同时，降息对我国消费刺激的作用更小。因为利率对消费的刺激主要是通过股市实现的。且不说在我国股市不成熟的情况下，利率对股市的影响并不明显，降息后甚至出现了熊市。就是利率下降能带动股市，股票也还不是我国居民的主要财产形式之一。

货币政策的作用在中美之间的不同还有一个重要原因，这就是经济开放程度不同。根据1999年诺贝尔经济学奖获得者芒德尔的研究，在一个实行浮动汇率和资本自由流动的开放经济中，扩张性货币政策对国内经济的刺激作用大于财政政策。而在一个实行固定汇率和限制资本自由流动的封闭经济中，扩张性财政政策对国内经济的刺激作用要大于货币政策。许多国家的实践证明了这个理论。美国属于芒德尔所说的开放经济，我国属于芒德尔所说的封闭经济。因此，货币政策在我国的作用就要受到相当大的限制。我们根据目前的经济发展状况实行固定汇率并限制资本流动是正确的。货币政策的作用受到限制也是正常的。

经济学理论与政策的运用以一定的经济条件为前提。任何一种理论与政策是否有作用要取决于各国的具体条件。一国成功的理论与政策不能照搬到另一国。中美之间货币政策作用的不同说明了这一点。

从我们国家的具体情况出发，刺激经济应该以扩张性财政政策为主，货币政策起到配合作用。近年来增加政府公共工程的财政政策对经济回升所起的作用是有目共睹的。恐怕在以后的相当时期中这仍然是适用于我们的政策。

调节经济的艺术

　　财政政策与货币政策的原理并不复杂，也不神秘。但要把这些政策成功地运用于调节经济就不那么容易了。萨缪尔森说，经济学"是最古老的艺术，最新颖的科学"，这句话用在经济政策上恐怕是恰如其分的。

　　应该如何把财政政策与货币政策（还包括其他政策）结合起来，艺术地调节经济呢？90 年代期间克林顿政府的成功为我们提供了一个范例。

　　克林顿总统 1993 年 1 月就职时，面临两个挑战：从 1981 年开始并一直持续的巨额财政赤字已占到 GDP 的 4.9%；经济仍然在衰退之中，失业率超过了 7%。他的目的是减少赤字并实现充分就业。但按传统做法这需要两种相反的政策。采用扩张性财政政策可以刺激赤字，但会加剧赤字，采用紧缩性财政政策可以减少赤字，但会加重衰退。鱼与熊掌不可兼得，克林顿该怎么办？

　　其实鱼与熊掌不可兼得是指只用一种政策而言的，如果考虑到多种政策的配合运用就可以实现多种目标。但各种政策适用的范围不同，有利与不利影响也不同，如何把各种政策配合起来使用就是一门艺术。

　　克林顿面对的是美国这样一个开放经济，在这种经济中财政政策与货币政策的作用有什么特点呢？1999 年诺贝尔经济学奖获得者芒德尔分析了这一问题。他在 60 年代根据加拿大的经验分析了浮动汇率和固定汇率下财政政策和货币政策的不同短期效应。

芒德尔证明了，稳定政策的效应与国际资本的流动程度密切相关，尤其是与汇率制度相关。在浮动汇率之下，货币政策对国内经济的效应远远大于财政政策；在固定汇率之下，财政政策对国内经济的效应远远大于货币政策。或者说在资本完全流动的情况下，如果一国是固定汇率就无法实行独立的货币政策，只有在浮动汇率时货币政策才有效。

在资本完全流动的条件下，国内与国际利率是一致的。如果实行固定汇率，中央银行要根据公众对本国货币的需求来调节货币量，无法按货币政策的要求调节货币量。利率与汇率总保持不变，货币政策无效，而财政政策作用最大。在浮动汇率之下，货币量增加降低了国内利率，资本流出，汇率下降，就有力地促进了出口和经济。而财政政策增加总需求引起利率和汇率上升，出口减少抵消了其他总需求的增加。

克林顿政策正根据这个原理把紧缩性财政政策与扩张性货币政策巧妙地结合起来。为了削减赤字，克林顿政府采用长期赤字削减计划，减少支出，并增加税收（而且老布什时代过低的税率为提高税率提供了空间）。但这种紧缩性财政政策减少了赤字，但并没有引起衰退，因为扩张性货币政策抵消了财政政策的紧缩作用，还刺激了经济。

削减赤字的计划有助于恢复人们的长期信心，赤字减少公共储蓄增加，这本身就使长期利率下降（90年代美国长期利率确实较低）。美联储认识到经济不会由于财政支出而变热，因此也敢于采用宽松的货币政策。克林顿上台后，美联储多次降息，货币政策的基调是扩张性的。

扩张性货币政策对经济的刺激是明显的。首先，利率下降引起股价上升（道·琼斯指数第一次突破1万点大关）。美国人部分财产是股票，股价上升，这些人财产增加，从而消费信心提高，消费支出增加。这种消费支出的增加远远大于增税引起的消费减少。在这一时期，边际消费倾向从0.676上升到0.68。其次，利率下降刺激了投资。这一时期美国在高科技领域有重大突破，电子信息、生物工程等领域的发展提供了有利的投资机会，降息则使投资有利可图。扩张性货币政策正是美国90年代繁荣的关键，这就是浮动汇率下货币政策的作用。浮动汇率之下紧缩性财政政策减少了赤字，1998～1999 财政年度，美国实现了当年财政收支平衡，略有节余，但对国内经济紧缩作用很小。这样，克林顿政府就同时实现了减少赤字和经济繁荣这两个目标。

当然，政策的配合使用也有许多方法。例如，严重衰退时期可以用扩张性财政政策与货币政策配合来更有效地刺激经济，严重通胀时期也可以用"双紧"政策，当然还可以用"一紧一松"来搭配。各种政策对经济都有有利与不利影响，因此，在采取一种政策达到一定目的的同时还可以用另一种政策来消除其副作用。例如，用扩张性财政政策刺激经济时会引起利率上升，不利于私人的消费和投资（即财政政策的挤出效应），这时可以增加货币量来抵消利率上升的不利影响。而且，宏观经济政策不仅仅有财政与货币政策，还包括供给政策和国际经济政策。这些政策都可以配合使用。

创造性地运用政策调节经济取决于决策者对经济的了解和对经济政策运用分寸的感觉和掌握。这是一个永无止境的努力过程，也永无顶峰之日。这正是经济学感叹运用政策调节经济是一门艺术的原因。

拿起经济学之剑

1984～1993年，美国得克萨斯州的三一大学邀请了13位诺贝尔经济学奖获得者讲述个人成长的经历。1985年获奖者弗朗科·奠迪利亚尼的演讲是从这样一个故事开始的：

外科医生、工程师和经济学家争论谁的职业历史最悠久。外科医生说，创世纪之初，上帝取下亚当的一根肋骨创造了夏娃，这才有了世界。能从亚当身上取下肋骨的当然是外科医生。外科医生的历史最长。工程师说，上帝在创造亚当与夏娃之前，先把陆地和海洋分开。此事必为工程师所为。工程师当然先于外科医生。经济学家说，在上帝创造世界之前，宇宙处于混沌状态，能使世界如此混乱的只有经济学家。还有哪种职业的历史长于经济学家呢？

这故事是讽刺经济学家的，但也并不全错。的确有一些经济学家以"经邦济世"者自居，为世界设计了一个又一个乌托邦方案，并用强制的方法来实施，结果给社会带来混乱，甚至毁灭性灾难。18世纪初，英国的重商主义者约翰·劳按自己的理论在法国创建了以不动产为担保发行纸币的银行，引起前所未有的汇兑投机、交易所狂热和大规模商业投机，结果该银行破产，法国经济陷入混乱。路易十四时的财政大臣柯尔培尔推行重商主义政策也破坏了法国的农业和经济。近代史上经济学家给社会带来的最大灾难是计划经济的由空想到现实。

但如果把经济学家的作用仅仅归结为制造混乱，那就言过其实了。如果经济学是这样一种"邪教"，它早就消亡了。经济学被尊称为"社会科学的皇后"，说明它是非常有用的。

经济学是研究资源配置的。资源是稀缺的，把资源用于某种用途就要放弃其他用途。经济学正是要说明如何通过成本与收益的比较把资源用于最有效的用途，即实现资源配置的最优化。个人、企业、社会都面临这个问题。对个人来说，提供生产要素（资本与劳动）所得到的收入是资源。收入如何分为消费和储蓄，如何用储蓄投资，都属于资源配置。实现一生收入与享受最大化就是资源配置最优化。对企业来说，如何用有限的资金购买不同生产要素并生产不同产品，以实现利润最大化，也是资源配置最优化问题。对社会而言，资源配置最优化就是如何用现有资源实现社会福利最大化。经济学研究的主题与人们的生活密切相关，这正是经济学有用的基础。

那么，是不是研究了经济学就一定能实现资源配置最优化呢？经济学家中真正实现了自己资源配置最优化，即赚了大钱的人是有的。李嘉图和凯恩斯都是理论结合实际的"大款"经济学家。但精通理论而经营失败的经济学家也大有人在。提出创新理论的美国经济学家熊彼特曾担任过奥地利一家银行的总裁，结果银行破产，以至于他到哈佛大学任教后还要偿还债务。近年来以提出期权定价理论而获 1997 年诺贝尔经济学奖的美国经济学家斯科尔斯和默顿曾以经营对冲基金大赚其钱，被称为"最富有的诺贝尔奖得主"。但无情的商海使他们在 1998 年遭受惨重损失。在我们现实中，"下海"淹死的经济学家也不乏其人。

经济学研究资源配置最优化并不是教人一套可以立竿见影的致富术。世界上声称传授致富术者都是有意或无意的骗子。经济学不是骗人术。凯恩斯说："经济学的理论并未提供一套立即可用的完整结论。它不是一种教条，而是一种方法、一种心灵的器官、一种思维的技巧。它帮助拥有经济学的人作正确的结论。"这就是说，经济学的作用是提供一套分析资源配置问题的工具与方法。借助于这套工具与方法，你可以分析现实中遇到的各种问题，并得出指导行为的结论。

一个优秀的经济学家未必是一个理财能手、成功的企业家或政府官员；但一个理财能手、成功的企业家或政府官员一定要懂一点经济学。拿起经济学之剑，你才能勇往直前，所向披靡。

假设、理论与现实

在美国经济学界流传这样一个故事。茫茫沙漠中，烈日当头。几个饥渴交迫的学者由于没有工具，面对一堆罐头食品与饮料一筹莫展。于是，他们讨论如何开启罐头。物理学家说："给我一个聚光镜，我可以用阳光把罐头打开。"化学家说："给我几种化学药剂，我可以利用它们的综合反应来开启罐头。"经济学家则说："假如我有一把开罐刀……"

在人们听来，这个故事显然是讽刺经济学家的，因为经济学家在分析问题时总是从假设如何如何开始。但这种假设有时在现实中并不存在。这就让人觉得经济理论远离现实。正如沙漠中没有开罐刀，而经济学家的解决方法却是从"假如我有一把开罐刀"开始，由此得出的方法又有什么用呢？

但在经济学家看来，这个故事说明了假设在形成理论中的作用，以及假设、理论和现实之间的关系。其实，任何一门科学的研究都是从假设开始的。科学思考的艺术——无论在物理学中、生物学中，还是经济学中——就是决定作什么假设。

假设的目的首先在于抓住所研究问题的中心，从而能得出有意义的结论。一个经济问题涉及的因素很多，但某种经济理论只能研究几种最主要因素之间的关系。在进行这种研究时就要假定其他因素不变。或者说，经济学家研究经济问题实际是分析各种经济变量之间的相互关系。但每一个问题涉及的经济变量都很多，假设正是把某些变量作为既定的，只研究几个变量之间的关系。否则在一大堆复杂的变量中很难把握本质。例如，人类行为的动机是多种多样的，但在经济学中假设人是经济人，他们在从事经济活动时目的是为了个人利益最大化。这个假设排除了个人还可能有的其他目标，使事情简单化。从这个假设出发，经济学家分析消费者和生产者的行为，得出了许多有意义的结论，可用于认识世界和指导我们的行为。

那么，假设是否都不现实呢？实际上假设与现实在总体上是一致的。以经济人的假设来说，我们并不否认人在行为时也有仁慈、同情等目标。我们也为各个社会不同历史时期中毫不利己、专门利人的英雄所折服。但对于绝大多数人的绝大多数情况而言，为自己的利益从事各种活动是正常情况。司马迁《史记·贷殖列传》中所引用的"天下熙熙，皆为利来；天下攘攘，皆为利往"可谓对人这一本性的高度概括。同样，经济学家对打开罐头的讨论从有一把开罐刀的假设开始，对绝大多数情况是正确的，人在沙漠毕竟是特例。

假设是一种使现实简单化的方法，它抓住本质性特征，而忽略了其他关系不大的细节，这是认识世界的正确方法。其实我们经常使用这种方法。例如，生物课中教员用的人体模型并不是真人的复制品，只是简化的人体，只包括有关的主要器官。它与现实的人不同，是人体本质的一种简单化概括，但对我们认识人体生理机能极为有用。经济人的假设和这种简化的模型人体一样，有助于我们认识经济世界的内在规律。

一定的假设是某个理论存在的前提条件，因此在运用某种理论时要考虑这一理论所依据的假设条件是否具备。不能把任何一种理论作为放之四海而皆准的绝对真理。离开具体假设条件的真理是没有的，任何真理都是有条件的。在运用某种理论时一定要考虑它所依据的假设条件是否存在，绝不能教条主义地照搬。例如，在正常情况下，经济人的假设是正确的，以此为假设条件所设计的激励机制也就是适用的。但在国家受到外敌入侵的情况下，人们可以为了保卫祖国而放弃自己的一切，甚至牺牲生命。这时利己的动机退居次要地位，我们就不能用以经济人假设为前提的激励机制来鼓励人们去与外敌斗争。我们这本书所介绍的经济理论大多是以发达国家市场经济为前提的，是否适用于我国还要看我们是否具备某些条件。但由于我国正在建立市场经济，论述市场经济规律的经济学对我们还是有意义的。

　　在不具备任何工具的沙漠中，经济学家说"假如我有一把开罐刀"的确有点迂腐。但作为一种开启罐头的理论，从这个假设开始是正确的，无非不适用于没有开罐刀的沙漠而已。这个故事的真实含义应该是说，从假设条件开始是经济学家的职业习惯。我们学习经济学，像经济学家一样思考问题，也要习惯于这种方法。

法国包税制的教训

从 17 世纪末开始，法国采取了重商主义者柯尔培尔建议的财政政策，实行包税制。包税制就是各地实行税收包干，交够了中央政府的，剩下就是自己的。这种依靠地方势力保证中央财政收入的方法的确简单，但这种制度强化了地方利益，结果各地实行地方保护主义，关卡林立、市场分割，阻碍了法国国内统一市场的形成和经济发展。在这种情况下，法国工商业者提出了"让他过去，不要用关卡来卡他"的口号。这就是"自由放任"（Laissez-faire）的真正含义。

包税制是一种经济制度，包税制的实施对经济发展起阻碍的作用。这使我们不得不考虑这样一个问题：什么是经济制度？经济制度有什么重要作用？

经济制度（或简称制度）是规范人们经济行为的规则。人们在一定的制度下进行经济活动，也就是按规则行事。这就正如打桥牌时按规则叫牌、出牌一样，所以，制度就是游戏规则。经济制度包括有形的制度，如产权制度、专利制度、契约制度、报酬制度等，也有无形的制度，如社会习俗等。社会能以立法的形式直接影响的是有形的制度。

制度在经济中规范了人们的行为，告诉人们什么可以做，什么不可以做，这是经济正常运行所必须的。制度还可以减少经济活动中的成本，例如，产权制度与货币制度减少了交易成本，提高了经济效率。更重要的是制度为人们从事经济活动提供了一种刺激。

人是经济人，或称理性人。这就是说，人从事经济活动的直接目的是个人利益的最大化。人的行为是对客观环境一种有意识的反应，给人一种刺激，人就会作相应的反应。例如，生产者对价格上升这种刺激的反应就是增加供给，因为这样做是有利于利润最大化的。制度把人的行为与客观刺激联系起来，保证了人从自己的理性行为中得到应得的利益。所以，在引导人的经济行为方面，制度是极其重要的。

法国的包税制之所以引起关税林立、市场分割的地方保护主义，就是因为在这种制度下地方政府可以通过多设税卡乱收费而增加自己所能支配的收入，实现利益最大化。有什么制度就会有什么行为。制度引导人们的行为是因为人会对某种制度作合乎理性的反应。而且，无论在什么条件下，同样的制度会引起同样的结果。

1980年，我国财政体制实行"分灶吃饭"，"划分收支、分级包干、分成比例一定5年不变"，这类似于当年法国的包税制，所以也引出各地关税林立、地方保护主义盛行的结果。据《文汇报》1988年5月12日报道，从闽北到上海的毛笋运输线上关卡林立、苛捐杂税多达几十种，闽北只卖4角钱一千克的毛笋到上海变为2元多。当时各种乱上投资、保护地方市场正是这种财政包干制的结果。在这种制度下地方政府实行保护主义是一种理性行为，是对这种制度的合理反应。错误不在于地方政府的行为，而在于制度本身。

有时候，制度的出发点是好的，但没有考虑别人们可能的反应，引起了不利的结果。例如，价格双轨制是想用渐进式方法来实现价格改革，但在其他制度不健全的情况下，引起了相当严重的"官倒""卖批文"等腐败现象。

过去许多经济学家认为，经济进步的关键因素是资本增加和技术进步。但美国经济学家诺思等人指出，增长的关键是"路径依赖"，即建立一套有利于经济增长的制度。没有这种制度，资本与技术都是无用的。许多发展中国家资本积累并不低，又引进了外资与先进技术，但经济并没有起飞，正是缺少这样一套制度。没有有限责任制的公司制度，资本难以得到有效运用，没有保护发明者利益的专科制度，不会有技术创新。制度是经济活动的前提，也是经济增长的出发点。近代市场经济的进步不是起源于产业革命，而是起源于私有产权制度的确立。

经济学家把制度作为一种公共物品。市场经济本身产生了对制度的需求，但不会自发产生制度的供给。制度要由政府来提供。因此，市场经济中，政府的作用首先不是从事经济活动（例如经营企业或投资），而是制定制度并保证制度的实施。如果把经济活动比作一场足球赛，政府不是运动员而是裁判员。政府定位错误，制定的制度不合理或有制度而不实施，是经济落后以致混乱的基本原因。

法国经济曾长期落后于美、英、德，其原因正在于类似包税制这样错误的制度。

圈地运动的历史功绩

6～18世纪，英国发生了大规模的圈地运动。资产阶级化的大地主把原来属于农民公有的土地占为己有，从事商业化养羊。空想社会主义者莫尔称这是一个"羊吃人"的罪恶时代。但现代经济学家认为，产权是市场经济最重要的制度基础。而圈地运动的意义正在于确立了私人产权。

产权又称财产权，指拥有某种财产的权力。产权是一个法律概念，完备的产权包括使用权、决策权、收益权和让渡权。使用权是在法律所允许的范围内以各种方式使用财产的权力，决策权是改变财产形状与内容的权力，收益权是在不损害他人的条件下享受从财产中所获得的各种利益的权力，让渡权是通过出租把收益转让给别人或出卖财产的权力。

产权的特征是排他性和可转让性。排他性指只有一个唯一的所有者（个人或组织），从而排除了其他人拥有这种财产的权力。这就保证了所有者可以最有效地使用属于自己的财产，并从中获得全部收益。可转让性指可以通过市场的讨价还价过程进行产权的自由转让。

产权是一种有责任的权力，任何一种产权都要受到法律或经济规定的约束，不能为所欲为。例如，不能用自己的财产从事有害于他人和社会的事情，不能浪费自己拥有的土地，等等。

产权的重要性是与交易费用的存在相关的。交易费用指市场交易中用于谈判、签约和履约的所有支出。如果没有交易费用，无论有没有产权，只要存在完全竞争可以进行自由交易，社会的资源配置就可以实现最优。但现实中没有交易费用就如同世界上没有摩擦力一样不现实。因此，在存在交易费用的现实世界中产权制度安排对经济效率有至关重要的影响。这就是说，只有存在产权，交易各方才会力求降低交易费用，使自己所拥有的资源达到最大化。

圈地运动之前，土地是农民的公有资源，即人人有份，但并不属于哪一个人。每个人都有使用草地放牧的权力，但不属于任何一个人，每个人都不关心草地的维护。这样，每个人都会从自己个人利益最大化出发尽量在草地上多放牧，但不会维护草地，因为个人无法得到维护草地的全部好处，任何人都可以搭便车从别人维护的草地获益。这样，草地就会由于过度放牧而退化，甚至荒芜。这被称为"公有地的悲剧"。

如果没有交易费用，可以由所有公有地的拥有者进行谈判，最后达成共同维护草地的协议，规定每个人的义务。但是由于所有者太多，他们要达成并履行这种协议的交易费用高到不可能的地步。所以，在存在交易费用时无法通过协议来消除公有地悲剧。这样，解决公有地悲剧的方法就是由一个人以暴力手段或其他方法把这块公有地占为私有，建立私人产权。草地的唯一所有者可以得到草地的全部收益，他会关心草地的有效使用与维护。其他人或有偿租用草地，或当这个所有者的雇工。这样，产权就提高了效率。

产权的确立之所以能提高经济效率，关键在于降低了交易费用。在以上的例子中，要使所有人达成协议是不可能的，但一个人所拥有就不用谈判了。同时产权提供了激励。草地的唯一所有者会通过分工和专业化，以及引进改良草地的技术，进行投资，来提高草地的效率，其收益完全由自己获得。在公有地的情况下，任何一个人都没有这种激励。

人是利己的经济人，产权制度可以保护个人的利益，使利己得以按有利于整个社会的方式实现。草地的唯一所有者有效地利用草地的做法既实现了他个人的利益，又有利于社会。所以，产权制度是经济增长的基本制度前提，现代社会的进步正是从圈地运动这样的私有产权建立开始的。市场经济的前提是私有产权的建立。从这种意义上说，私有制是市场经济的本质特征。私有制与市场经济是不可分的。整个市场经济活动的基础是私有制。

从建立私有产权的意义上说，无论怎样评价圈地运动的历史功绩都不会过分。圈地运动是通过暴力来实现的，资产阶级化的大地主用暴力把公有牧场的农民赶出去的行为，确实给许多农民带来了苦难。但没有这个过程，公有地早已无法养活这些农民，英国也没有繁荣的今天了。

圈地运动的历史进步意义是以千百万人的流离失所为代价的。但是，在历史进步之后，那些当初的受害者及其子孙也享受到了这种历史进步的成果。今天英国普通人的生活不知比圈地运动前他们的祖先强了多少倍。

市场营销与市场结构

不同行业的企业在市场营销中的做法是不同的。农产品市场上很少有广告，化妆品市场上要使自己的产品不同于其他同类产品，石油市场上存在各大企业之间的勾结，自来水、电力之类市场上往往是一家说了算。这不同的营销方式取决于企业所在行业的市场结构特点。市场结构是市场营销的理论基础。

经济学上把一个行业作为一个市场，彩电行业构成彩电市场，汽车行业就是汽车市场。当然，市场还包括消费者，但在这里起决定作用的是生产者企业。市场结构就是不同市场上竞争与垄断的程度。

决定一个市场上竞争与垄断程度的有三个因素。第一，该市场集中率的高低。集中率指该行业中几家最大的企业在市场上所占份额，用这几家大企业市场营销额占整个市场的百分比表示。例如，四家集中率就是某行业 4 家最大企业的市场占有率。如果整个行业营业额为 100 亿元，这四家企业占了 65 亿元，则四家集中率为 65%。市场集中率越高，垄断程度越高，市场集中率越低，竞争程度越高。

第二，进入某一市场的难易程度，或称进入障碍的大小。一个行业越是可以自由进入，竞争就越激烈；进入越困难，垄断程度就越高。

第三，产品差别的大小。产品差别是指同一类产品在质量、牌号、形式、服务等方面的差别。例如，不同质量、牌号、形状的自行车就是产品差别。经济学家认为，有差别的产品能以自己的特色对一部分消费者形成垄断，所以"有产品差别就有垄断"。差别越大，垄断程度越高，差别越小，竞争程度越高。

根据这三个因素可以说明一个市场竞争与垄断程度的高低，因此是它们划分市场结构的标准。按这三个标准，经济学家把市场结构分为四种类型：完全竞争、垄断、垄断竞争和寡头。

完全竞争的市场上集中率为零，即这个市场上都是小企业，没有一家或几家企业的产量能在市场上有重要影响。进入与退出是完全自由的，没有任何障碍。产品也没有差别。国外农业中都是规模不大的家庭农户，任何人可以自由地办农场也可以弃农经商，小麦这类农产品也不存在什么产品差别，所以，农产品市场是完全竞争市场。这种市场上没有垄断。

像自来水、供电这类行业往往由一家经营，集中率高达百分之百，其他人根本无法进入，无论有无产品差别都属于垄断市场。这种市场上没有竞争。

现实中的许多市场往往介于这两者之间，是一种不完全竞争市场。像化妆品这类产品的市场上，产品差别特别重要。产品差别引起了垄断，但由于产品差别是同类产品的差别，相互之间又有替代性，所以，垄断并不排除竞争。这就是垄断竞争市场。

另一种不完全竞争市场是寡头。在钢铁、石化、电子、汽车这些市场上，由于行业特征决定了只有大量生产才有经济效益，即存在规模经济，所以，几家大企业的集中率相当高。这就形成寡头市场——寡头的原意就是为数不多的几家。这种市场上每个寡头都有一定垄断程度，但这些寡头们相互之间又存在激烈竞争。它们的产品可以无差别（如钢铁、原油），也可以有差别（如汽车、彩电）。这对竞争方式有影响，但并不改变寡头市场的性质。

当然，我们这里仅仅是从理论的角度来分析基本市场结构，现实中的情况比这要复杂得多，在具体分析一个行业的市场结构时，要注意两个问题。

一是该行业产品的销售范围。有些产品仅在一个有限的范围内销售，尽管规模不大也可以垄断或寡头。例如，如果某地只有一家有线电视台，尽管在全国这样的电视台很多，并且规模也不大，但它只为当地服务，就成了垄断者。有些产品在全世界销售，尽管一国只有一家这样的企业，它也不是垄断者，如美国波音公司是美国唯一的民用大型客机生产者，但这种飞机的市场是世界性的，所以，波音和欧洲空中客车公司一样只是一个寡头。这是一个寡头市场。

二是有些市场往往介于两者之间。例如，美国邮政业允许私人开办快递公司之后，在邮政行业就不是一个严格意义上的垄断者。有这些快递公司的竞争，邮政市场是一种"一家企业占支配地位的市场"，它类似于垄断，但不同于垄断。

欧佩克不再风光

欧佩克（OPEC，石油输出国组织）是世界石油寡头的卡特尔。它们勾结起来限制产量、确定石油价格，曾在20世纪70年代大获成功，使世界石油价格大幅度上升。但在80年代之后，世界石油价格一直下跌，欧佩克难现当年的风采。在像石油这样只有几家特大型企业的寡头市场上，各个寡头联合起来确定价格对各方都是有利的，但为什么这种勾结却难以持久呢？我们可以举个例子来说明这一点。

我们先分析最简单的情况：只有两个寡头的双头市场。假设石油市场上只有两个寡头A和B。它们的产量在效率最高时各生产3000万桶，共6000万桶。这时生产成本为每桶6美元，市场价格也为6美元，没有利润。如果它们勾结起来，把产量限定为各产2000万桶，共4000万桶。这时每桶石油的生产成本为8美元，市场价格为9美元，各得2000万美元利润。如果一方违约生产3000万桶，另一方守约生产2000万桶，共5000万桶，市场价格为7.5美元。违约的一方获利4500万美元（3000万×1.5美元），守约的一方亏损1000万美元〔2000万×（－0.5美元）〕。

当双方签约勾结之后，各方都有两种选择：守约与违约。他们作决策是要使自己的利益最大化（即采用对自己有利的优势战略）。A决策的战略如下：如果B守约，我也守约，则获利2000万美元；如果我不守约，则获利4500万美元；两相比较，当B守约时，A不守约更有利。如果B不守约，我守约要亏损 1500 万美元；但如果我也不守约，则无亏损；两相比较，当 B 不守约时，A 不守约更有利。换句话说，无论 B 是否守约，A 不守约是优势战略。B 也按同样的思路推理，得出了不守约有利的结论。最后的结果是双方都违约，达到了和完全竞争下收支相抵没有利润的结果。

这是一种一次性博弈。由于各方对违约行为没有有力的惩罚，所以都会违约就成为必然。这就是有利于双方的勾结难以实现的原因。如果是多次博弈，而且，各方可以采用"一报还一报"的策略（即你这次违约，我下次也违约，你这次守约，我下次也守约）进行报复性惩罚，那么，双方的合作还是可以的。但如果寡头市场上的寡头不是两家，而是多家，而且难以实现有力的惩罚，勾结就仍然难以实现并持久。欧佩克就是这种情况。

欧佩克在 1960 年成立时包括科威特等 5 个国家，1973 年又有卡塔尔等 8 个国家加入。它们控制了世界石油储藏量的 3/4。它们曾使石油价格从 1972 年的每桶 2.64 美元上升到 1974 年的 11.17 美元，1981 年又上升到 35.1 美元，但 1986 年原油价格又回落到 12.52 美元。以后价格时有波动，但大体上是下跌。这种价格下跌正是欧佩克失败的标志。

欧佩克失败的原因首先在于其内部成员的违约行为。要维持石油高价，必须限产。欧佩克在确定目标价格的同时也规定了各成员国的产量。但正如我们分析双头市场时指出的，各方的优势战略都是违约，即在价格高时都希望其他参与者遵守限产协议，而自己想打破限产。如果每个参与者都这样想，而且对违约者缺乏有力的惩罚，结果就是大家都打破了限产，使供给增加，从而价格下跌。

欧佩克 70 年代维持石油高价的关键是通过限产减少供给，即人为制造物以稀为贵的局面。80 年代之后，不仅欧佩克成员打破限产增加了石油供给，而且非欧佩克成员（如英国）的石油产量也增加了。加之，在 70 年代石油危机之后，各国开发各种节油技术，减少对石油能源的依赖，即对石油的需求减少。供给增加而需求减少，石油的高价当然难以维持。在这种供大于求的情况下，各个寡头都想把自己的产品卖出去，违约降价又成为必然，从而使寡头勾结破产。

其实在供大于求的格局之下，任何寡头之间的勾结都难以成功。北京几家大商场曾想勾结起来抬高洗衣机价格，终于以一家接一家的违约而失败。VCD行业、彩电行业等都有过勾结定价的企图，也都未见成功。几家汽车企业还在顽强地维持什么行业自律价，但夏利已经顶不住，降价了。偌大的汽车市场又被它们多占了一块，其他汽车厂还能顶多久呢？恐怕欧佩克的今天也就是它们的明天。什么企业联合定价、行业自律价，在供大于求价格必然下降这一市场规律面前都已经或即将败下阵来。

哈韦路假设的破产

哈韦路是英国剑桥的一条街，英国的精英大多来自这里。哈韦路假设是指政府由这样一些一心为公的精英所组成。借助于政府干预消除市场失灵，实现资源配置最优化的观点正是以这一假设为前提的。

但是，政府纠正市场失灵中的种种失误使人们对哈韦路假设发生怀疑：领导政府的精英真正是毫无私心地为社会服务吗？美国经济学家布坎南以公共选择理论解释这一问题，提出了政府失灵论。

公共选择理论是用经济学方法来分析政治过程的。这种理论首先否定了哈韦路假设。认为无论在经济领域还是政治领域，参与活动的所有人，包括那些精英政治家在内，都是利己的经济人。他们的利己心并不会因环境而改变。利己的经济人是经济活动与政治活动的主体，现代社会的政治过程与市场过程是一样的。在政治活动中，民主制度就是市场制度，政府是企业，政治家是企业家，选民是消费者，议员是选民的代表，选举制度是交换制度，选票是货币，政府提供的公共物品是消费品。

但在政治过程中，选民往往是理性无知的，即他们不可能花费大量时间与金钱收集信息作有利于自己的决策。在代议制民主下，政治家可以以自己的信息和声望左右选民作有利于自己而不利于选民的决策。这时政治家以利己的原则行事，政府的行为就不一定符合社会利益。

当提供公共物品成为政府行为时，实现资源配置最优化就要使公共物品的边际成本等于边际收益。这是符合社会利益的。但公共物品的供给是由选民（及其代表议员）和政治家在政治过程中决定的。在代议制民主之下，最后的结果不一定是最优的。

假定一个国家为了保卫国防需要 5 套反导弹系统。换言之，购买第 5 套反导弹系统的边际成本和边际收益（即国家安全增加的程度）相等。这时实现了公共物品的资源最优配置。但是直接决定购买多少套反导弹系统的是政治制度。最初提出购买反导弹系统的是国防部官员——比如说，国防部反导弹局的局长。该局长做出购买决策的目标并不是社会利益最大化，而是个人利益的最大化。他的个人利益在于他的权力和掌握的经费的多少。反导弹系统越多，他的权力和经费就越多。所以，他的利益在于购买更多的反导弹系统。当然，他的行为要受到选民的制约，在代议制民主中，由议员代表选民行使民主权利，购买反导弹系统的计划要得到议会批准。

如果议员对该局长的制约有力，他就只能按最优原则购买 5 套反导弹系统，但如果制约无力，他就可以随心所欲地购买。在代议制民主下，制约是存在的。如果议员允许该局长随心所欲地购买反导弹系统，选民最终会把议员选下去。但制约并不是强有力的，因为官员与议员和选民的信息是不对称的。议员和选民并不能准确地知道需要多少反导弹系统。官员可以运用自己对国际形势和反导弹系统重要性的信息来游说议员，也可以通过舆论来左右选民。议员在缺乏信息的情况下很可能被官员说服，同意购买第六套反导弹系统。这时边际成本大于边际收益，公共物品的资源配置就不是最优了。这可以解释许多国家和平时期国防开支剧增的原因，也可以解释政府开支大幅度增加，财政赤字严重的原因。

根据公共选择理论，政府弥补市场失灵的努力，例如提供公共物品、消除外部性以及对垄断进行管制的努力，往往不是实现公共利益，而是成为官员与政治家牟取私利的方法。美国在取消管制之后，有些垄断行业的利润反而减少了。例如，在 60 年代（1962～1969 年），受管制的民航与公路运输的收益率为 12.8% 与 13.6%，70 年代（1970～1979 年）取消管制之后反而分别降为3%和8.1%。这说明，政府管制部门不是为社会利益管制垄断企业，而是出于私利被垄断企业"俘虏"了。其原因一是政治家无非也是利己者，哈韦路假设破产了；二是现行的代议制民主并不完善，对利己的政治家缺乏真正有力的制约。消除这一问题的出路不在于改变政治家的利己心，而在于民主制度的改革。

市场机制无法解决公共物品、外部性、垄断这些问题引起的"市场失灵"。市场失灵要靠政府干预来解决。但哈韦路假设的破产和民主制度的不完善又产生了"政府失灵"。经济学家面临一种两难处境。这是现代政治与经济制度的内在矛盾。世界上没有十全十美的制度。我们只能在这种困境中找出一条折中之路。两相权衡，取其利多弊少者吧！

工业化道路上的体制混乱

19 世纪 70 年代之后，中国在外国资本主义的冲击之下，走上了工业化的道路。先是由政府亲历亲为的洋务运动，后是官督商办的私人企业，但基本都不成功。不成功的原因是多方面的，尤其是封建政治制度对资本主义工业化的制约，但不可忽视的一点是金融体制的混乱使企业缺乏一个良好的宏观经济环境。

清代的币制相当混乱。在理论上说，清代币制是银本位，但事实上一直是白银和铜制的制钱并行流通。这就形成一种事实上平行的双本位制。白银和制钱都作为货币同时流通，又没有一定的法定价值相联系。在现实中，流通的货币种类繁多芜杂。在白银和制钱之外，还有外国流入的银元，自己铸造的银元。流通中还有作为银行券的纸币钞票。钞票中有钱庄、票号、银号发行的钱票、银票，又有政府发行的官票和宝钞，以及外国在华银行发行的兑换券和华商银行发行的兑换券。光绪二十五年（1899 年）起又有了政府铸造的铜圆。尽管清末建立了户部银行，并在 1908 年改组为有中央银行性质的大清银行，但它并不是唯一的货币发行银行。发行货币的主体有中央与地方政府，有官方与私人，也有国人与洋人。各种货币同时在市场上作为交易媒介使用，其混乱状况可想而知。

清政府对制钱管得很严，只能由政府铸造，而且对制钱的规格有大致的法定标准。百姓或银号等金融机构私铸制币是要治重罪的。但对银锭、银块的铸造并不干预，对银的成色和重量也没有法定标准。而且，没有由政府铸造的银锭中，始终处于称量货币的阶段。这就使作为本位货币使用的白银在流通中极为混乱。

流通中的白银称为纹银或马蹄银。按重量不同而有不同的名称，50两左右的称为元宝，3～10两的称为中锭（亦有10两者称为中锭，3两、5两者称为小锭），其余更少者称为碎银。当白银这种贵金属作为货币时，我们称之为商品货币。商品货币的价值由其内在价值决定，其内在价值取决于白银本身的重量和成色（纯度）。白银的重量标准称为"平"，成色标准称为"色"。由于当时任何人都可以铸造银块，平色就相当混乱。

就"平"而言，各地有不同的标准，各省有各省的"平"。梁启超在其所著的《币制条议》中列举了73种，唐有任根据中国银行所编的《国内汇兑计算法》，列举出各省的"平"共有171种。主要有五种：作为纳税的标准，征收各项租税时通用的"库平"；征收漕银折色所用的"漕平"；对外贸易所用的"广平"（又称"司马平"）；征收进出口税的"标准平"（又称"关平"）；公砝平（又称"公法平"）。据在海关任职多年的美国人马士的计算，这五种"平"的关系是：

关平100两 = 广平100.2927两 = 库平100.9986两 = 漕平102.8108两 = 公砝平104.6517两

这么复杂的"平"，能便利于交易和商品经济发展吗？

白银的"色"，即成色，或说含纯银量的多少。

"色"也没有统一的标准。当时的白银按成色分为纯银、足银、纹银和标准银。纯银实际上并不是百分之百的成色，北京通用的十足银实际上并不是真正的纯银。市场上作为计算银两而用的并不是足银，而是成色低于足银的标准银，50两足银的元宝等于标准银52两7钱。"色"也如此复杂，普通人怎能搞得清？

作为重要本位货币的白银本身是混乱的，它与流通中常用的制钱之间的比价更为混乱。银钱比价不是由政府规定的，而是随行就市。在嘉庆十五年（1810年）前，曾有过1两银子兑换制钱1000文以下的情况，称为"银贱钱贵"。鸦片战争之后由于中国白银大量外流，1两银子兑换制钱1000文以上，称为"银贵钱贱"。从此以后，银钱比价一直处于波动之中，但基本趋势是"银贵钱贱"。

这种"银贵钱贱"的局面由于清政府滥铸滥发大面额的铜铁大钱而引发了通货膨胀。鸦片战争的赔款以及镇压太平天国庞大的军费支出使本来就不宽裕的清政府财政更为困难。清政府与现代所有有财政困难的政府一样，采用了最能立竿见影的滥发货币的做法。在金属货币的情况下，由于铸造铜钱的原料缺乏，就铸造大面值的制钱。例如，每枚等于1000文的当千铜大钱，其实际价值仅为38文，增值962文。又铸造以铁为原料的大钱，增值更多。与此同时，清政府又印制各种面值的银票和宝钞，并规定了铜铁大钱、宝钞、银票之间的比价。为了发行官票和宝钞还在咸丰三年（1853年）设立了官银钱号（俗称"四乾官号"），第二年又设立了"五字官号"。宝钞越发越滥。原来只有500文、1000文、1500文和2000文四种，以后有了5千文、10千文、50千文和100千文，并强令民营钱铺替它代总宝钞。在1853～1861年，大钱和票钞的发行已达6000多万两银子，占同期财政收入的70%左右。

政府滥发钞票引起币制和金融混乱，物价上涨。1853年，银两换京钱不过4000文，1861年已达30000文。大钱、票钞发行最集中的北京，物价远高于外地。金融的混乱引起朝中关于本位货币的争论。有主张用银元者，有主张用金本位者，也有主张虚金本位者。直至宣统元年（1909年）才决定用含纯银九成的银元。两年后清王朝就灭亡了。

中国的民族工业，无论是官方的洋务运动，还是私人企业的起步，正是在这样一个金融和币制混乱，政府滥发货币和通货膨胀的时代。这就给刚刚萌芽的中国工业蒙上了一层阴影。在这种环境下，无论是官办还是民办的企业，筹资困难，一开始就先天不足。一个健全的金融与货币制度是经济发展的前提。尽管西方国家在工业化之前也出现过由于金银流入而引起的价格革命，但那是商品货币的实际增加，与清政府滥发不足值的大钱和宝钞完全不同。

现代社会不再会有这种币制混乱的状况，但金融稳定也是经济发展的前提。金融体制要适应市场经济的要求，有利于促进各种经济共同发展。金融改革是为市场化改革服务的。研究历史上金融体制变化对经济的影响，对我们深化金融改革还是有意义的。

重税之下无发展

早在明代，中国就有相当发达的手工工场，这被称为资本主义萌芽。但以后这个萌芽却没有长成参天大树。鸦片战争之后，资本主义进入中国，但中国的民营资本并没有对这种刺激做出反应。分析这背后的原因可以写一本书。但其中最重要的一点是明、清政府都采取了重税政策。明代先不去说它了，我们说说清代末期这一段吧。

增加财政收入是任何一个政府的愿望，这无可厚非。不同政府的差别是通过发展经济、扩大税基来增加税收呢，还是只用提高税率、增加税种来增加税收，而不管税收对经济发展的影响。春秋时期的晋文公采用"轻关、易运、通商、宽税"的政策就是减轻税收，鼓励商业，这才有了以后晋国长达 150 年的霸业。各国在经济发展之初都采取了轻税政策。俾斯麦统一德国的目的就是要消除各公国林立的关卡，以减轻税赋。可惜清王朝后期的统治者不懂这一点。也许是清王朝财政实在太紧张，穷疯了。也许是想做的好事或坏事太多了。正在中国走向早期现代化，需要减轻税收时，却实行了历史上少见的重税，甚至连康熙承诺的"永不加赋"都放弃了。

加税是地方政府带的头。在镇压太平天国时，中央政府实际无力支付军费。1853 年，国库仅存银 4.1 万两，除皇室支出外不能支付任何费用，财政实际上破产。前方将帅收不到户部拨来的实银，只有一纸他省协饷的公文。筹集军费的任务落到地方身上。于是许多省利用各种名目加捐加税。例如，四川的按粮津贴和随粮捐输；江苏、安徽的亩捐；广东的河田（由于泥沙冲击形成的新土地）捐；安徽、江西、湖北、湖南、河南的漕粮折色（改"实物税"为"货币税"）等。而且，各级官员又层层加收，中饱私囊。如此重的赋税，地主和农民都不堪承受，哪有资本去发展手工工场或投资于新兴工业？

比加捐、加税更严重的是新设的厘金。厘金是一种商品流通税，即设立关卡对通过的商品征收税收。最早是1853年在扬州江北大营主办筹饷的刑部侍郎雷以诚根据幕僚钱江的建议在扬州附近所设。1854年胜保发现此法甚有利于筹资，上旨建议各地仿行。朝廷让各省酌情定夺，并把征收厘金的权力下放到各省督抚手中。于是在全国普及，到1886年，已有19个省征收厘金。

厘金属于商税，对工商业的发展极为不利。尤其是把征收的权力下放后，各地出于敛钱的目的乱收、重收，简直成为工商业发展的灾难。仅在苏北，征收机构就有江北大营、江南大营、南河总督、袁甲三军四大系统，名目有卡捐、饷捐等二十余种。江西厘金卡达56处，湖北高达480处。而且，原本"厘金"的意思是百抽一，但实际上各省自己规定的税率平均为百之四五，高者达20%。如此严重而又极为任意的税收，私人工商业如何发展？据历史学家罗玉东先生在《中国厘金史》中估计，从1853年到1864年间，厘金收入高达1.1亿两。许多学者认为，实际数字恐怕比这还大。如果把这笔钱用于投资，对经济发展的作用又该有多大？实际上这笔钱用于洋务运动的也并不多，主要还是用于军费支出和各级官员的贪污。

自从鸦片战争之后，关税的重要性不断提高。1849年，关税收入为221万两，1864年增至787万两，1871年突破了千万两大关，1908年达到3290万两。

当时的关税分为进口税、子口税、复进口税、出口税、船钞税、机器制造货出厂税、洋药厘金七种。进口税是对进口洋货征收的税，税率为5%。子口税按海关进出口税之半，即2.5%征收。复进口税又称沿岸贸易税，是本国物品纳完出口税之后由这个口岸转运到其他通商口岸时又缴纳的进口税，税率为2.5%。船钞税是在各通商口岸向往来船舶所征收的税，按船的吨位计税，又称吨税。机器制造货出厂税是所有洋商在中国口岸或华商在中国各地用机器制成棉纱、棉布须缴纳出厂税，其数量数倍于进口正税，但如果棉花来自国外，则将进口税发还，如来自中国则将已缴各种税一并发还。各厂商缴纳出厂税后，可免纳出口正税、出口加税、复进口半税，以及销场税等。洋药厘金是对鸦片进口时所征收的正税与厘金。光绪年间，每百斤鸦片征税 100 两，宣统三年（1911 年）加至 350 两。

我们详细介绍了各种关税。这些税还是相当重的，除对鸦片征税尚属合理，进出口税也有合理之处外，这种重税和重复纳税实际上不利于经济发展。一个国家在开始发展时，进出口是十分重要的。借助于劳动力的低成本，靠劳动密集型产品打入世界市场，对资本积累有重要意义。同时，在自己技术落后的情况下，进口机器设备、原材料，也是必不可少的。高关税似乎有保护国内市场的作用，但国内需求不足，又急需进口经济起飞所必要的生产要素时，高关税岂不害了自己？

清政府敛财的方法除了上述种种税收之外，还有重要的一项是卖官。自康熙皇帝之后，卖官从未停止过。尽管道光皇帝对此事颇为不满，但出于财政需要不得不为之。咸丰皇帝则把卖官作为重要的收入来源，甚至打折出卖。1854 年，同样官位的价格只有 1846 年的七五折。出钱买官的人不仅要一个身份，而且也将买官作为一种投资，补上实缺后就要把投入收回并能获大利。他们不仅在可能的范围内加大税收和厘金，而且处处刁难到衙门办事的人，包括为从事经济活动需要从政府领取执照或办其他手续的人。这就加大了经济活动中的交易成本。

著名发展经济学家、诺贝尔奖获得者刘易斯曾指出，经济发展的最大障碍之一是税收过高以及税收的不规范。尤其是税收不规范成为企业最大的风险。看来清政府的这两种障碍都存在，且相当严重。当政府不懂减税刺激经济的意义时，它就会陷入一种恶性循环：经济越不发达，越要加税；越加税，经济越落后，税收减少；税收越少，越要加税。清王朝在太平天国之后正是陷入了这种恶性循环。

迎接东南亚经济一体化

中泰两国决定从 2003 年 10 月 1 日起实行蔬菜和水果贸易的零关税，内地与香港又签署了 CEPA。这些标志着我国开放程度的提高，也为中国产品走向世界创造了条件。

但在走向世界的征途中，也并不全是捷报频传。中国的彩电在美国遭到反倾销，农产品在欧洲、日本等地由于达不到卫生标准而遭禁。应该说，这些国家用各种办法禁止中国产品进口，是一种与全球化逆向而动的保护主义政策，我们应该在世贸组织的法律框架内与它们争斗。但反过来我们也应该反思一下，我们的产品出口为什么会困难重重？

在国际市场的竞争中，制胜的法宝是成本优势、产品优势和品牌优势。多年来，我国许多产品出口依靠的是成本优势，尤其是劳动力成本的低廉。在出口发展的初期阶段，低成本的确是一种优势。但随着世界经济水平的提高，仅仅是成本优势，远远不足以占领世界市场。人们的生活水平提高了，谁还要那种价廉而物不美的东西呢？这时，仍应该保持成本优势，但更重要的是开发其他优势。

产品优势和品牌优势是相关的，因为只有优秀的产品才能成为名牌产品。但优秀的产品不一定是名牌产品，作为名牌产品仍有一个通过广告宣传让消费者认可的过程。实事求是地说，我们离品牌优势还差得很远，世界 100 个知名品牌中，中国一个没有。即使一些在国内知名的品牌，在国际上也无人知晓。创名牌是一个长期努力的过程。就目前而言，对我们更为现实的，还是创造产品优势。当然，这也是创造品牌优势的基础。

创造产品优势就要在产品差异化上做文章。产品差别首先是质量差别，要拿出高质量的产品。靠便宜的平面直角彩电这类产品是无法占领世界市场的，只有等离子、数码、大屏幕这类高科技新产品才具有产品优势。在国内，农产品的残留农药多一点，也许还有市场，但在欧美、日本这些发达国家市场上，这种农产品是不受欢迎的。仅仅抱怨人家反倾销，或农产品质量标准太高是没用的，关键还在于拿出符合人家需要的东西。你要把产品卖给人家，不遵守人家制定的标准，抱怨又有什么用呢？

中国产品的质量上不去还在于没有掌握制造高质量产品的核心技术。企业不在科技创新上下功夫，抗诉反倾销，或指责别国技术标准高，即使成功了，效果也是短期的。产品创新不仅仅是一个技术问题，还是一个制度问题。只有建立起一种鼓励企业技术创新的制度，才能实现技术的飞跃和产品优势的建立。

当然，产品优势不仅仅是质量和技术含量，还包括产品的外形、包装，等等。我们是瓷器大国，但如果只生产清一色的青花瓷，有谁想买呢？有国外市场上那些花样不断翻新的英国、日本瓷器卖到几千美元一套，而我们的瓷器只能在低价超市和地摊上，不仅仅有质量差别，还有花色、形式的差别。朴实耐用的观念已经过时了，花样翻新才是制胜的法宝。许多产品，只要式样翻新就有市场。"货卖一张皮"这个道理同样适用于世界市场。

我国与泰国实现蔬菜与水果零关税，为我国农产品出口创造了条件，但如果这些产品不能受泰国人民欢迎，对我们又有什么用呢？同样，内地与香港的CEPA也是双赢的，但如果我们的产品不能让香港市场欢迎，岂不仅仅是单赢吗？自由化贸易协定的签署只是走向世界市场的前提，能否顺利进入世界市场关键还是我们能拿出什么产品。

记得小时候参加少先队，誓词是辅导员问我们：为共产主义奋斗终身，你准备好了吗？我们回答：准备好了。今天我也想问企业：进入世界市场，你准备好了吗？我愿意听到企业像我们小时候那样，底气十足地回答：准备好了。

让 GDP 变轻

前美联储主席阿兰·格林斯潘在谈到美国经济增长时曾说过,美国的GDP变轻了。美国的GDP比50年前增加了5倍,但GDP的物质重量比50年前多不了多少。

GDP变轻反映了经济增长的重要特征。GDP变轻的一个原因是劳务在GDP中的比例越来越大。以美国而言,劳务的产值已占到GDP的四分之三以上,其他发达国家,这一比例也在三分之二以上。经济增长过程中,最早是第一产业(广义的农业)占的比例大。随着产业革命的发生,第二产业(制造业)成为GDP的主要构成部分。经济的继续发展不是第二产业一统天下,而是第三产业(服务业)极大发展。尽管现在还有第四产业(信息产业)发展之说,但在经济学家来,仍属于第三产业的延伸。判断一个经济发展程度的标志之一就是劳务在GDP中所占的比例。劳务附加值相当大,但几乎没有重量。所以,经济增长的结果,劳务迅速增加,肯定是GDP变轻。

GDP变轻的另一个原因是物质产品变轻了。同样的一座楼,用秦砖汉瓦和用新型建筑材料建成,重量肯定是不一样的。人们常用"傻大黑粗"来形容计划经济下的某些产品,同样的产品变得"精小白细"时不仅性能提高了,而且重量也轻得多。比比当年苏制的伏尔加车和现在的广州本田,你就知道它们的重量(与性能)的差别了。经济发展提供了性能越来越好、重量越来越轻的物品产品,这是技术进步的结果。所以,GDP变轻反映了经济增长中技术进步的关键作用。

格林斯潘的话是对美国经济增长的一个总结，但对我们也不无启发意义。这些年来，我国的经济增长迅速，GDP 的产值极大地增加了。但增长的质量有待提高，或者借用格林斯潘的说法，GDP 的重量没有减少多少。这首先是 GDP 中劳务的比例还不高——仅为三分之一左右。这就是说经济结构还没有与增长率同步提高。另一方面则是在许多行业中技术还没有实现重大突破，即使现有的新技术在生产中也没有得到广泛运用。在一些地方，秦砖汉瓦还没有退出建筑领域，许多产品还没有实现轻型化——一台普通彩电和一台超薄彩电，且不说性能差别，仅就重量而言，差别也是显而易见的，而后者的价值又比前者高得多。

未来几十年是我国经济腾飞的重要时期。我们不仅要重视增长率，保持国民经济的较快增长，而且更要重视增长质量，让 GDP 在变大的同时又变轻。

让 GDP 变轻首先要改变 GDP 的结构，让无重量的劳务比例扩大。计划经济下长期的观念是"重物质产品，轻劳务"。在一些地方，这种传统仍有一定影响。一说发展经济，就加大制造业投资，扩大产品生产，而对于发展第三产业重视不够。其实随着经济发展，人民收入增加，对物质产品的需求总是有限的，但对劳务的需求是无限的。第三产业具有无限的商机。加之，我国原来的第三产业较为落后，这就为第三产业的超常发展提供了机会。第三产业投资少、回报快，没有环境污染，又能极大地增加就业。因此，发展第三产业不仅使 GDP 变轻，还会大大改善增长的质量，提高人民的生活水平。

让 GDP 变轻还要加快技术进步，用性能更好、重量更轻的新产品取代又笨又大的旧产品。仅仅依靠投入量的增加，经济增长是有极限的，只有靠技术进步，增长才不受资源的限制。从投资型增长转变为技术型增长，正是 GDP 变轻的过程。我们一定要有这样一种观念：增长不是由一台机床增加为同样的十台机床，而是用一台数控机床代替十台普通机床。这正是技术进步引起的增长与 GDP 变轻的同一过程。

GDP 变轻是增长的本质特征。如果几十年后，我们的 GDP 翻了几番，但重量仍然没变，我们的经济就真正成功了。实现这种成功的路就在脚下，路也要从现在走起。

政府该管什么价格

前些年，曾有两件事引起了广泛关注。一是民航价格听证会，二是北京歌华有线电视公司涨价 50%。对于前一件事，多数学者认为政府不该管民航价格而管了；对后一件事，更多的人认为政府该管却没管。这两件事引出了一个共同的问题：政府该管什么价格。

市场经济中，价格是一只看不见的手，把这只手绑起来就不叫市场经济了。只要是价格能调节的，都应该放手让价格调节，但价格调节并不排斥政府必要的干预。问题在于政府该干预什么以及如何干预。就目前的现实看，在价格问题上，政府要做的首先是"放"。我们的市场经济是由计划经济转型而来的，过去的特点是管得太多，因此，"放"就是一种历史性进步。

说起来这些年我们放的步伐还是很快的，90% 以上的商品价格都放开了，但这并不是已经放到头了。这次民航听证会，仍对机票价格实行"上封顶、下保底"，还是放不开。实际上，民航价格是该放的。一则民航并不是一家垄断市场，而是有几家寡头在其中竞争的市场。政府应该监管民航的安全等事情，但不该管价格。二则民航并非生活必需品，价格高低并不影响绝大多数人的福利。淡季允许自由降，旺季允许自由涨，民航才能经营好。

管和放实际是一个硬币的两面，只有该放的放开，该管的才能管好，也只有该管的管好，放才有利于公平竞争，像歌华有线电视涨价就属于政府该管的。因为第一，有线电视是一种规模经济形成的自然垄断，只此一家别无分店，而且产品没有相近的替代品。在一家垄断并无相近替代品的情况下，垄断者会利用垄断权伤害消费者。所以，经济学家认为这种情况下的价格是该管的。第二，有线电视属于生活必需品，人人都要看电视，所以需求几乎无弹性。像这样涉及千家万户利益的价格变动，政府也应该管。所以，政府不管歌华有线电视涨价是不对的。

当然，政府管垄断企业的价格，并不是不让涨价，而是要经过一定程序——比如听证。垄断者应该把涨价的理由告诉公众，并取得理解，不能像歌华一样我行我素。据说，有线电视涨价尚不在听证范围之内，所以，歌华只向市物价局报批一下就涨了。把民航作为听证对象，而不对有线电视听证，这绝对是管了不该管的，不管该管的。

在价格问题上，政府该管的事并不少。比如，寡头企业之间的勾结定价，在发达市场经济中都属于违法行为。政府不但对这种行为管得同样不力，甚至还在支持或参与这种行为。以前民航的禁折令、汽车行业的自律价，都属于勾结定价，但居然都有有关政府部门支持，甚至是由这些部门亲自制定的。这两件事虽然已经过去了，也改正了。但并不是说绝迹了。再如，商家的价格有欺诈行为，包括玩弄虚假的折扣等，仍然还相当盛行，而政府对这些行为的打击力度总是不够。

什么该管，什么不该管，也许没有不变的规律。但有两条原则是共同的。第一，要有利于促进公平竞争。政府管价格的目的不是用行政手段代替竞争，而且保护公平竞争。价格是企业竞争的重要手段，只有价格能正确反映市场供求关系，这种价格竞争才能起到促进经济中资源有效配置的作用。在价格上管什么放什么，取决于它对竞争的影响。第二，要保护消费者的利益。政府的管制当然是应该既保护生产者又保护消费者，损害生产者的利益最终也会损害消费者的利益。但在这两者之中，消费者是弱势群体，所以，管与不管还应该更多地从消费者利益出发。我们评价一种价格管制政策的得失成败应该根据这两个原则。

价格的管与放是一个复杂的问题，也是一门艺术。在这个问题上走点弯路，犯点错误也是正常的。但要使我们的市场经济改革成功，政府就必须掌握这门艺术。这正是民航听证和歌华涨价给我们的启示。

引导公众进行正确预期

前一段许多地方粮油涨价，个别地方甚至出现抢购现象。这场市场上小小的风波虽然过去了，但仍有一些值得我们深思的问题。

计划经济之下，价格完全由政府决定，没有调节资源配置的作用。稳定物价成为重要目标，而且可以由政府的行政力量来稳定。但这种物价稳定的后果是物资短缺，成为短缺经济。转向市场经济，价格决定机制发生了根本变化。价格成为配置资源的重要手段。在长期中，一国的物价水平由货币量决定，只有在货币量发行过多的情况下才会发生通货膨胀。所以，维持长期物价稳定的关键是中央银行控制货币发行量，而不是政府的强制。在短期中，影响物价水平的因素是多方面的。就国内而言，供求关系的短期变动，是引起物价波动的重要原因。在开放经济中，世界供求关系的变动及一些突发事件都会引起物价变动。这些因素不是政府用行政力量可以控制的，因此，物价的波动是正常的。

这次粮油涨价正是短期供给变动的结果。粮油这类农产品的需求是稳定的，引起价格变动的主要原因是供给的变动。从国内来说，近几年由于可耕地的减少，农民种粮积极性下降，以及局部自然灾害，农业产量略有下降，引起价格上升。从国外来说，主要农产品国家农业减产以及国际市场粮价上升对国内也有一定影响。美国大豆减产、世界市场小麦价格上升，是这次粮油涨价的原因之一，但这种短期供求失衡是正常的。从整体来看，我国的农产品供给是充足的，国际上农产品的供给也大于有购买能力的需求，农产品价格基本稳定，不会出现持久的价格上升。

市场经济中物价的短期波动不仅是正常的，也是必要的。价格正是通过这种波动来调节供求。价格上升是一个重要信号。这次农产品价格上升在某种程度上反映了我国农业生产中存在一些深层次问题。例如，如何减少可耕地流失，鼓励农民种粮的积极性，加强农业基础建设，等等。价格上升提醒我们对农业问题不可掉以轻心，这就会长期保持农业生产稳定和农产品价格稳定。在国际上，农产品价格上升也必定有力地刺激生产。从长期来看，市场经济之所以能维持稳定与增多正在于价格波动的这种调节作用。绑住价格这只"看不见的手"只能使计划经济下的短缺状态长期存在。

从计划经济转向市场经济，不仅是经济体制的转变，也是人们思想意识的转变，但思想意识的转变往往要远远慢于经济体制的转变。这就是列宁所说的"传统的力量是巨大的"。一些人生活在市场经济之中，仍用计划经济的方式来思考问题。习惯了计划经济下的物价稳定，一旦价格有所波动就感到不适应，甚至恐慌，以至于引起对物价变动的过度反应。这次粮油涨价中发生的抢购正是由这种过度反应引起的。

我们不能指责群众的过度反应，但必须重视这种过度反应，因为这种过度反应不仅无助于物价稳定，反而会加剧本来并不严重的物价波动。在短期物价波动的原因中，预期是重要的。如果对一时物价上升的过度反应形成未来通货膨胀的预期，进而引起抢购，就会加剧短期供求失衡，使暂时的物价上升超出应有的正常幅度并持续。这正是经济学家所强调的，增强公众物价稳定信心和预期的重要性。

当然，我们无法强迫公众形成正确的预期，但可以用政策引导公众的预期。这种引导不是空洞的说教，而是切实的行动。比如，我们可以把真实情况告诉公众，让他们消除恐惧通货膨胀的心理。同时，也要采取切实的措施，用农产品储备来稳定物价。一些地方的抢购风潮很快就过去，正是由于政府采取了适当的措施。

市场经济的成功转型取决于广大群众的理解与支持。如果我们从这次粮油涨价中学习会如何让群众适应市场经济，那么，坏事就变为好事了。

学会应对随机冲击

"9·11"事件发生后，广州的朋友告诉我他们损失惨重。美伊战争爆发后，我在泉州又听到了类似的诉苦。企业家感叹，世界变化无常，生意太难做了。

其实我们生活的世界是一个充满不确定性的风险世界。发生这种意想不到的变动（经济学中称为随机冲击）是极为正常的。世界不可能像我们希望的那样一切都有序地进行。成功企业家的能力正在于能灵活地应对各种随机冲击，减少损失，甚至利用这些机会。如果一切都像计算机那样按预先设计好的程序进行，还要企业家做什么？

从长期来看，随机冲击对整体经济的影响是有限的，决定经济长期趋势的还是制度、资源、技术这些因素。随机冲击不能改变这些因素，也难以改变经济运行的人间正道。而且，任何一个经济在较长时间内都有能力对这些随机冲击做出调整。但随机冲击在短期内对某些企业的影响是严重的，甚至是致命的。"9·11"之后，美国和加拿大等国的航空业至今没有恢复元气，美伊战争使从事中东贸易的企业喘不过气来，"非典"流行对许多国家的旅游业、交通业造成巨大的冲击……这些都说明，无论从一国还是一个企业来看，都必须重视随机冲击。

当然，随机冲击也并不一定全是坏事，或者说对一些人是坏事，对另一些人还有益。所以，应对随机事件不仅仅是消极防范，还包括利用这些冲击。能不能利用这种冲击就在于企业本身的应变能力。在广东发现"非典"之后，市场上醋的价格上升，江苏镇江香醋企业抓住了这一时机，24小时生产、发货，经营取得成功。相反，醋的家乡山西几乎没有任何反应，不仅失去一次机会，而且还被江苏企业兼并。山西人昔日的晋商风采已经一去不复返，醋业经营尚且困难，危机重重，哪有能力利用这个时机呢？机会只青睐有准备者。

防止随机冲击的负面作用也好，利用这种冲击的时机也好，关键在于企业本身。说得更具体点，在于企业家的素质。

不少企业家，尤其是少数民营企业家，文化素质并不高，也不想成为学习型企业家，只知埋头拉车不看路，对国内外大事不闻不问，这就无法预见到未来可能发生的随机冲击。美伊战争并不是突然打起来的，此前已有几个月的准备时期，如果每天关心局势变动，你就会知道这场仗是迟早要打的。这并不像"9•11"那样的突发事件，还是有预兆的。如果一个企业家从事中东贸易，或主要生产向中东出口的产品，你就必须关注中东局势，甚至请专家来为你分析何时开战。这样，当美伊战争真的打起来，你也不必惊慌了。

许多企业家消息太不灵通了，以致事到临头不知所措。记得欧盟通过了2欧元以下的低档打火机要有安全锁装置才能进口的法令后，温州打火机业一片惊慌。其实这事在欧盟已讨论了很长时间，也不是什么秘密消息，欧洲许多大媒体都报道过。但温州打火机的老板没人去关注这些消息，受到冲击能怨谁呢？

市场经济的汪洋大海中时常会有大浪，成功的企业家就应该避开浪头的冲击而利用浪头的推力。打击只对那些无防备的人，机遇只给那些有准备的人，这种准备来自学习。

应付冲击的另一种做法是多元化经营，当然对中小企业来说，不可能像大企业那样横跨几个行业，但也可以做到不在一棵树上吊死。哪怕只生产一种产品，也可以努力实现市场销售多元化，出口到更多的地区与国家。世界各地总不会同时打仗，西方不亮还有东方亮呢！应对随机冲击，是一个企业家必须了解的大学问。由现在做起，仍为时不晚。

经济学也讲道德

樊纲教授在《读书》杂志上发表过一篇题为"经济学不讲道德"的文章。这话说来并不错，主流经济学采用实证分析方法。无论根据哪一本辞典或经典的解释，实证分析方法的关键就在于价值中立，即抛开或超越价值判断，分析经济中的客观规律。道德属于价值判断问题，经济学当然可以不涉及道德，表述为"经济学不讲道德"也没什么错。

我原本非常欣赏樊纲教授这种提法。但这篇文章发表后引起了激烈争论，而且反对者甚众。这些反对者中不乏以感情代替理性的"愤青"或"愤老"，他们甚至把这个严肃的话题引申为经济学家无道德，或者用感情的宣泄代替科学的经济分析。这些人中有一些缺乏经济学基本训练。"林子大了什么鸟都有"，什么鸟都有啼鸣的自由。但的确有一些严肃的经济学家在认真思考经济学与道德之间的关系，提出了能否把经济学完全等同于物理、化学这类自然科学的问题。

这些年来我一直在思考这个问题。经济学的确可以采用实证分析方法，也可以像物理、化学一样从假设的前提出发提出假说，并进行证伪或证实。但经济学作为一门以人和社会为中心的社会科学，与以自然世界为中心的自然科学还是有本质差别的。也许就一些具体的经济问题而言，我们的分析可以不涉及道德。例如，分析货币量与物价水平之间的关系，分析技术进步在经济增长中的作用，可以不涉及价值判断，可以运用数学模型。但在涉及经济学与整个社会的关系，根据经济理论来制定政策时，却离不开价值判断，一定会涉及道德问题。

经济学的最终目的是提高社会福利。社会福利的增加不仅仅是 GDP 的增长，还涉及收入分配、社会平衡发展等问题。这些都离不开价值判断。从技术层面上说，如何实现 GDP 增长可以不涉及价值判断。但在任何社会中，GDP 增长都不是唯一的目的，重要的是 GDP 增长对社会福利的影响，而这后一个问题就离不开价值判断。如果 GDP 增长过程中，社会贫富分化加剧、资源被过度利用、环境被破坏、社会矛盾激化，有关 GDP 增长的实证分析又有什么意义呢？前些年我们片面理解"发展是硬道理"，有意无意地以追求 GDP 增长为唯一目标，却忽略了在这一过程中无法避免的社会问题，这就在于没有考虑到经济增长的价值判断。不讲道德的增长连西方的主流经济学家也是反对的。

经济学的成本—收益分析法作为一种实证分析方法被广泛运用于社会的各种经济与非经济活动。这被称为"经济学帝国主义"。这对解决许多社会问题的确起到了积极作用。如美国经济学家加里·见克尔对家庭、人口、婚姻、犯罪、歧视这类传统上属于社会学或法学问题的经济分析，得到学界的一致称赞。这种分析的成功在于它没有突破人类社会公认的道德底线。贝克尔的分析是实证式的，但潜在的价值判断是不言自明的。如果这种分析完全不讲道德，其结论就没有什么意义了。例如，一些经济学家用成本—收益分析法分析贩毒问题，得出禁毒的成本大于收益，应该放开毒品的自由贸易，这就突破了道德底线，难以为公众接受了。这种分析的结论也毫无意义，如果真照此去做，还会为害社会。就毒品这件事而言，可以进行不讲道德的实证分析吗？

经济理论是经济政策的基础。一种实证经济理论，如果不以公开的或潜在的价值判断为前提，就不能成为制定经济政策的基础，甚至误导经济政策。据美国经济学家在20世纪90年代所做的调查，93%的经济学家主张自由贸易，79%

的经济学家反对最低工资法。这是在不涉及道德或价值判断时进行实证分析得出的结论，从其理论上的逻辑推理看，也是完美无缺的。但在现实中，各国都采取不同的贸易保护政策，都制定了保护低收入者的最低工资法。如果仅以国家利益为价值判断，自由贸易的逻辑就有缺点了，如果只把保护低收入者利益作为价值判断，仅仅用劳动供求关系去分析工资，依据就不充分了。经济学中的每一个问题都涉及不同利益集团的利益，无法像物理或化学涉及的问题那么客观。协调各个利益集团之间的利益冲突离不开价值判断。

其实经济学的实证分析是以某种不言自明的价值判断为基本前提的，萨缪尔森、弗里德曼这些经济学大师都不否认这一点。经济学最基本的价值判断是个人自由，所有的实证分析都是为了保护个人自由。仅仅从实证分析的效率（即最大化原则）出发，纳粹法西斯统治下的德国经济效率是相当高的，计划经济下苏联的科技、国防水平也与美国相当。但经济学家对这两种经济体制都持否定态度。这就在于它以剥夺个人自由为代价，背离了个人自由这个价值判断。经济学还是必须讲道德并且离不开价值判断的。这种价值判断是经济学的灵魂，体现在对每一个问题的实证分析中。

在亚当·斯密那个时代，经济学属于道德科学。看来二百多年前的传统真正体现了经济学的本质。回归传统，经济学才可能有所突破。

经济学不能陷入道德误区

经济学是否涉及道德问题一直是中外经济学家争论的中心之一。一些经济学家强调"经济学本身不谈道德"。另一些经济学家则把这种观点称为"经济学的道德误区",强调经济学的"人文关怀"。经济学应不应该涉及道德问题呢?这涉及经济学的方法论问题。

方法论是个令人望而生畏的名词。哲学家对方法论的解释和争论往往使外行人困惑。用最通俗的话说,方法论是人们认识世界的方法。我们这里所说的方法论就是经济学家认识世界、分析经济问题所用的方法。

理解经济学方法论的关键是区分实证分析和规范分析。

实证分析是排斥价值判断,只客观地研究经济本身的内在规律,并根据这些规律预期经济行为的后果。这就是研究经济学的实证方法。规范分析是以一定的价值判断为基础,以此为依据评价经济现象并制定相应政策。这就是研究经济学的规范方法。

实证方法与规范方法的根本区别是对价值判断的态度;实证方法排斥价值判断,而规范方法以价值判断为依据。价值判断是对经济行为社会价值的评价,即对某种经济现象好还是坏的看法。大而言之,可以是对一种经济体制的评价;小而言之,可以是对某种具体经济现象或行为的评价。价值判断属于社会伦理学范畴,有强烈的主观性。不同的人对同一经济现象或行为会有完全不同的价值判断。经济学的道德与不道德实际上就是是否涉及价值判断，因为价值判断正是道德问题的基础。

实证方法排斥价值判断，也就不涉及道德问题。经济现象有其内在客观规律。实证分析要解决"是什么"的问题，即要确认事实本身，研究经济本身的规律，分析经济变量之间的关系。经济规律是客观的，是不以人的意志为转移的。研究这些规律应该像研究物理与化学一样抛开价值判断。实证方法是人们客观地认识世界的工具，完全可以抛开价值判断。从这个意义上说，经济学是不涉及道德问题的。

19世纪之前，经济学被作为一门以某种价值判断为基础的道德科学。此后经济学家开始了经济学实证化的努力过程，力图摆脱价值判断，使经济学成为一门像自然科学一样的科学。经济学在这条路上取得了突破性进步，深化了人们对经济世界的认识，得出了许多有意义的理论。1968年，瑞典中央银行决定设立纪念诺贝尔经济学奖正是对经济学实证化的肯定。用实证方法研究经济学仍然是当前经济学的主流。经济学家在认识世界时要客观、冷静，经济学不涉及道德问题无可厚非。

但是，经济学还要帮助人们改善（而不是改造）世界，运用于政策制定。经济学的目的应该是社会经济福利的最大化，即所有人的效用最大化。效用是主观的，取决于个人的价值判断。一个社会的福利最大化当然也不能脱离价值判断。从这种意义上说，经济学又离不开道德问题和规范分析。

经济学有认识世界与改善世界的双重任务。在认识世界时，应该以客观的态度来分析，这就是经济学的不道德。制定政策是以对经济本身客观规律的认识为基础的，但一项正确的政策离不开价值判断。这就是经济学的道德。实证分析与规范分析，道德与不道德并不绝对排斥，要看解决什么问题，用在什么地方。

那种认为经济学离不开道德问题，反对实证分析的观点并不正确。比如我们研究经济增长的规律完全可以超脱价值判断。经济增长率和影响这种增长率之间的因素（劳动、资本、技术）之间的关系是客观的。研究这个问题时完全可以不涉及价值判断或道德问题，得出适用于各个社会的客观规律。"科技是第一生产力"与道德显然无关。这时经济学是实证的，不道德的。但在制定一个社会的经济增长政策时，就要考虑增长的目标，增长与社会福利等有关的价值判断问题。这时经济学是规范的、道德的。

经济学与人们的利益太密切了。利益格局的决定有强烈的价值判断色彩。因此，经济学超脱价值判断，不涉及道德的观点难以被接受。这也是不断有人就道德问题向主流经济学提出挑战的原因。把经济学本身与经济学的运用分开，把客观规律的探讨与规律的运用分开，你就知道，其实经济学道德与不道德本身并不是一个真问题。我们应该要探讨的不是经济学道德与否，而是什么情况下要坚持客观、公正的态度，什么情况下要有人类关怀。这样经济学才不会陷入道德的误区。

把经济学拉下神坛

　　香港学者丁学良先生提出"国内经济学家不超过五人"的论断引起广泛支持，媒体上一片指责、批判经济学家的声音。究其原因还在于经济学家扩大了自己的作用，或者是公众对经济学家期望太大。期望太大，失望也大，才有"恨铁不成钢"的痛斥。无论是经济学家还是公众都误解了经济学。

　　经济学家总把经济学解释为"经邦济世"之学，似乎学了经济学就可以造福苍生。历史上和现实中也有经济学家以救世主自居，似乎离了他地球就不转了。这是一些经济学家无可救药的自恋情结。

　　其实从历史来看，是先有促进经济发展的政策，而后才有总结这种成功经验的经济学。并不是经济思想推动了现实经济发展，而是现实的经济发展促生了经济思想。经济学来源于实践，而不是经济学家聪明的大脑。先有市场经济的实践，而后才有亚当·斯密"看不见的手"的思想。同样，是20世纪30年代的大危机逼得各国政府有病乱投医，让政府去应付危机，才有凯恩斯的国家干预经济的理论，才有宏观经济学。经济学家只是事后总结，绝不是事前设计。

　　经济学家到底能在多大程度上影响政策呢？许多国家的政府都有经济学家参与经济政策的制定。但当他们以顾问的身份进入决策时，有两种选择。一种选择是坚持自己的观点。这些从经济理论上看的确正确的见解其实无法实施。例如，萨缪尔森把比较优势理论作为简单而又绝对正确的经济学原理之一，这种理论是自由贸易的基础。有93%的经济学家支持自由贸易，但即使美国这样最自由的国家也经常限制自由贸易。这时，作为政府顾问如果要坚持自己的观点就会顾而不问，或辞职不顾不问了。另一种选择是把经济学作为敲门砖，进入政府后就放弃自己的观点，以政府的意志为转移，经济学早被扔到爪哇国里去了。真正在政府决策中起作用的经济学家其实都转化为官员的身份了，经济学家只是历史了。世界上没有一个国家完全根据经济学原理决定政策。经济政策是协调各个利益集团关系的结果，权术比理论重要。

中国的经济学家认为他们作为一个整体对经济改革做出了重大贡献。所以，公众就认为，他们也应该对改革中的失误承担责任。这两种对应的观点都源自扩大了经济学的作用。中国经济走市场经济之路的设想是小平同志在1979年时就提出的（尽管当时并未公开），这时经济学家还无人认识到或敢于谈论市场经济。中国改革的进程是"摸着石头过河"，领路的绝不是经济学家。现在的许多问题，如收入差距扩大、内需不足、社会保障不完善，等等，有些是计划经济的遗产，有些是经济转型中难以避免的，也有些是政策失误。当然，也有一些经济学家提出了一些错误的观点，但这些观点到底有多少成为政策却要仔细分析。决策权在政府，即使有失误也在决策者，而不在提建议的人。经济学家不是决策者。根据言者无罪的原则，他们也不应承担什么责任，成为替罪羊。

还有不少人把经济学当作"致富之术"，这是更大的误解。市场经济之始，许多人成功了，成为第一代富人。但这与经济学无关。王永庆先生连小学也没学好，但他极为成功。像这样的人何止成千上万。相反，学了经济学而下海者，成功的案例并不多。即使有些经济学家成功致富也与他们学的经济学无关。李嘉图是历史上最富有的经济学家之一，但他是在学经济学之前赚到了大钱，先富而后学。凯恩斯也致富了，但这与他的宏观经济理论无关。经济学可以使有经营天才的人如虎添翼。但不是"虎"，这个"翼"没什么用；是"虎"，没这个"翼"也一样勇猛。现实中少数经济学家也致富了，但大部分人还是靠了勤奋。少数人为利益集团代言致富也是有的，但为利益集团代言而致富的其他人更多，官员就不用说了，文人为成功者写传记，不也一样吗？

经济学说到底还是一门学问。我历来不太同意"学以致用"的说法，也不认为经济学是致用之学，学了就可以立竿见影。经济学与历史、哲学、伦理学、数学、物理等理论科学一样，不是学了就能用、用了就见效的实用性学科，如工程、医学，以及其他实用技术一样。经济学所发现的许多真理可以指导实践。但这种指导意义更主要是思维方法、分析工具这种思想层次上的，而不是如何去做这种操作层次上的。经济学原理与其运用并取得成果之间还有相当长的过程，需要许多条件。

用英国经济学家、诺贝尔奖获得者希克斯的话来说，"经济学是经济学家的智力游戏"而已。玩智力游戏可以是一种享受，也有益于开发智力，提高智力水平。与任何一种智力游戏一样，经济学可以提高人的整体文化素质，提高人认识与分析现实问题的能力，当然也提高了解决问题的能力。经济学的整体作用仅此而已，哪里能包打天下，又经邦治国，又实现个人致富？

把经济学拉下神坛，从"显学"回归它正常的地位，这才能有经济学的正常发展。

经济学家不能治国

    2003 年 3 月，美国新凯恩斯主义经济学家、哈佛大学教授曼昆被任命为总统经济顾问委员会主席。恰巧在这时我开始翻译他的《经济学原理》第三版。作为一名经济学家，曼昆无疑是优秀的。但优秀的经济学家能是好的政策制定者吗？经济学家作为学者和作为决策者是两种完全不同的角色。曼昆对这一点是有所认识的。他说："当经济学家努力去解释世界时，他们是科学家。当经济学家想要改善世界时，他们是政策顾问。"在翻译这本书时，我一直在怀疑他能否完成这种角色转换，进而又动摇了我曾经深信过的一个观点——专家治国论。

    引起我对曼昆治国能力怀疑的是他在《经济学原理》第三版中新增加的一个案例研究"应该有人体器官市场吗"。这个案例研究根据《波士顿环球报》上发表的一篇文章"一位母亲的爱挽救了两条生命"。这篇文章讲的是一个动人的故事。一位名叫苏珊·斯蒂芬的母亲，愿为她患肾炎的儿子捐出一个肾。但这位母亲的肾与儿子不匹配。于是医生提出一个建议：苏珊把她的肾捐给其他人，作为交换，医生把她儿子排在等换肾者的第一位。结果苏珊的儿子和另一位患者都换上了肾，康复出院。

    这篇文章原来的意思是说明母爱之伟大的。曼昆对这件事做出了经济学的解释。他问道，既然人们都称赞苏珊的这种行为，如果苏珊用自己的一个肾换取儿子免费上医学院（作为学费），或者为她儿子用肾换一辆凌志汽车，是否也应该得到称赞呢？用自己的肾为儿子换得治病、上医学院和豪华汽车在本质上是相同的——都是伟大的母爱。而且，现行的法律禁止人体器官与现金的交易（即价格上限为零），但并不限制捐赠自己的器官。无论苏珊用她的肾为儿子换什么，只要没有现金作为媒介就不犯法。

曼昆接着分析道，正常人有两个肾，实际只有一个在工作，另一个属于闲置资源（不知医学专家是否这样认为），而有一些人由于换不到肾而死去（在美国等待换一个肾平均要 3 年半，每年约有 6000 人由于换不到肾而死去）。如果允许人体器官与其他资源或物品一样自由交易，岂不是双方的收益都增加吗？卖肾者得到了货币收入，仍然可用一个肾健康地活着，买肾者获得新生。而且，他认为这也是公正的——有两个肾的人带着一个无用的肾走来走去，而患肾炎的人由于无肾而死去，才是不公正。由此，曼昆证明了，允许人体器官的市场存在，允许人们自由买卖各种器官，既有效率又公正，是自由贸易有利于双方的证明。

这种分析和结论从经济学逻辑来看，的确是无懈可击。但这种做法能行得通吗？这里涉及伦理与法律问题。从伦理的角度看，为了挽救别人的生命而捐献自己的器官是高尚的利他主义行为，但为获利而出卖器官则是绝大多数人不能接受的——苏珊捐出肾挽救自己儿子的生命值得称道，如果她用肾去换取儿子的学费或凌志汽车，就会受到指责。这两种行为的差别在于对待生命的态度。为救人而捐出肾是对生命的尊重，为物质利益而卖肾是对生命的亵渎。出卖自己的器官不为社会道德所容，这是一个客观事实。从社会达成共识的伦理观来看，人体器官的交易是行不通的。

从法律的角度看，人体器官的自由交易也很难实现。在原则上，可以说人体器官的交易是自由的，但能避免强迫交易，甚至偷取、走私人体器官吗？在不允许人体器官交易的现在，报刊上仍不断披露出穷国向富国走私人体器官之事，如果这种交易合法了，又有专门从事这种交易的跨国公司，谁敢想象，会有什么后果呢？涉及人的生命，什么叫自愿交易恐怕在法律上很难界定，更谈不上执法了。其实从经济或社会的角度看，许多有利的事之所以难以实现就是因为法律上的困难。安乐死是一件好事，为什么至今在全世界（除了荷兰）仍无法实现？这就在于界定自愿的困难性和其他相关的法律问题。

如果真的允许人体器官自由交易，卖方一定是穷人，买方则是富人。有哪一个富人肯把自己无用的另一个肾卖掉（包括曼昆自己在内）？又有哪一个穷人能高价买得起肾？此外，卖了肾或其他器官又引起其他疾病，岂不成为社会负担？正因为这许多问题，即使在荷兰这样最开放的国家，也没有人体器官的交换。

经济学家在解释世界时应该是客观的，即摆脱价值判断（或者说不讲道德）。作为严肃的学者，经济学家应该这样，不能用感情代替事实和分析。但这种客观分析得出的结论，如果不考虑社会伦理道德等价值判断，有时就毫无意义。这种经济学理论，说说是可以的，如果真的运用了就会后患无穷。人体器官自由交换就是这样的事。经济学家强调客观性的书生作风让我怀疑他们的治国能力。这正是我读了曼昆这个案例研究之后怀疑他治国能力的原因。如果他当了经济顾问委员会主席，真的提出人体器官交易的政策，会有什么结果呢？靠这些不考虑价值判断的结论能治国吗？治国与清谈是不同的。所以，我不敢苟同经济学家"经邦济世"这种话。从经济学理论到经邦济世之间有一个巨大的鸿沟，许多经济学家习惯于客观判断，是跨不过这个鸿沟的。曼昆能否跨过这个鸿沟，完成从经济学家到政策顾问的角色转化，还要看他以后的作为。

其实曼昆也无非是把人体器官交换作为一个教学案例，他参政后，不会真正这样去做，也不会有人把这种看法作为一种政策。让我怀疑曼昆这样优秀的经济学家能否治国的更深层次原因在于这些学者往往太天真，不懂得政策的复杂性。

经济理论研究是学术层面的事，不会一言兴邦或一言灭邦，说什么都无所谓。但制定经济政策绝非儿戏，一项失败的政策也许会给经济带来灾难性影响。经济政策并不是直接由经济理论推导出来的，是综合许多学科理论并从现实出发的结果。理论不同于政策。理论来自学者对现实的观察和思考，政策来自政治过程。有时政策与公认理论正好相反，但这种政策也许正是现实所需要的。政策接近于正确的理论是一个渐进的过程。

这个道理的一个现成例子就是经济学家的自由贸易理论与现实的贸易政策。萨缪尔森认为经济学中唯一一个被证明绝对正确的真理是比较优势原理。由这个原理引出的政策是自由贸易。应该承认，从长期来看，自由贸易的确促进了各国的繁荣。世界总的趋势是正在走向越来越自由的贸易。自由贸易也是长期政策趋势。但是，能不能由此得出结论，任何一种保护贸易政策都是错误的呢？

我之所以认为经济学家不能治国就在于许多经济学家一律反对保护贸易政策。据调查，有93%的经济学家认为"关税和进口限额通常降低了普遍经济福利"（《经济学原理》第二章）。所以，曼昆也在抨击政府的保护贸易政策。在《经济学原理》第三版中，曼昆批评了美国的所有贸易保护政策——从20世纪90年代以来克林顿政府限制澳大利亚羊肉进口，到小布什政府对钢铁进口的限制。那么，这种限制政策是否像经济学家批评的那样坏呢？

我们知道，自由贸易的长期结果与短期影响是不同的。从长期来看，各国生产自己具有比较优势的产品，然后进行自由贸易，的确是双赢的。但在短期中并不是这样。国内不具比较优势的行业转向具有比较优势的行业需要一个相当长的时间。如果在这个产业结构调整过程中，没有保护贸易政策，不具比较优势的行业受进口冲击太大，这就会引起经济衰退和失业加剧，甚至引起社会动荡。这种情况也许是短期的，但这个短期如果是3年或5年，社会也是无法承受的。小布什政府提出保护钢铁业的政策，理由之一就是给钢铁业的产业结构一个适应期。

同时，自由贸易对不同利益集团的影响，以及各利益集团的反应也不同。自由贸易当然对消费者有利，但消费者如此之多，分摊在每个消费者头上并不明显，他们也没有组织起来保护自己利益的激励。对出口者来说，自由贸易也有利（例如，其他国家向美国出口钢铁多，才有能力购买美国更多的电脑和飞机），但这种利益并不直接。对进口品的生产者来说，自由贸易绝对是一场灾难。试想一下，如果美国对钢铁业完全放开，高价的美国钢铁肯定没有市场。钢铁行业完全崩溃，对钢铁厂的股东、管理人员和工人是灭顶之灾。在这种情况下，他们必然拼死反对钢铁的自由贸易。政府不得不考虑这些人的利益——尽管与其他人相比，他们的数量并不多。钢铁工人的失业会给政府带来极大压力，也会在短期中对经济有不利影响，不保护一下行吗？

任何一项经济政策的决定都有两个特点。一是更多地考虑短期的影响。且不说总统任期只有四年，即使是终身总统也不得不考虑短期冲击经济能否承受得了。凯恩斯有一句名言：长期中我们都要死。任何一个决策者，即使再有眼光，也不能不考虑短期看得到的结果。二是各个利益集团之间利益协调、相互妥协的结果。在这个协调过程中往往是"爱哭的孩子有奶吃"——哪个利益集团呼声最高，决策者就倾向于做出有利于该集团的决策。

现实中类似这种为经济学家反对，而且从理论上说经济学家的确正确的政策还不少。例如，有79%的经济学家认为"最低工资增加了年轻人和不熟练工人中的失业"，从而反对最低工资法。但现实中几乎各国都有最低工资法，美国的最低工资标准还在不断提高。经济学家关于最低工资法既无效率（引起失业）又不公正（对找不到工作的工人不利）的分析的确有道理。但现实中最低工资还有保护部分不熟练工人的作用，更重要的是最低工资作为一种福利制度有其不可逆性。哪个当权者都不愿意取消最低工资法引起穷人的反对和政治对手的指责。这些从经济学角度看不正确的政策之所以存在有其存在的理由。这就是黑格尔所说的"凡是存在的都是合理的"。

经济学家通常是从一定的假设出发，分析经济问题，并抽象出理论，这些理论本身逻辑严密，也反映了经济现象的本质。但理论本身并不是政

228

策。现实比经济学的假设要复杂得多。理论对政策有指导意义，但制定政策还要考虑到许多经济理论未涉及的因素。经济学家的天真就在于坚信自己理论的正确性，并要顽固地把这些理论直接变为政策。如果经济学家不能成为擅长处理复杂现实关系的政治家，懂得玩弄政治上的平衡，就不能治国。因此，如果曼昆仍然在坚持他的自由贸易和其他理论，恐怕也会像他的许多前任一样不得不辞职。

治理一个国家的不是经济学家，而是一套制度。制定出一套正确政策，靠的也不是经济学家，而是民主决策制度。美国的确有许多优秀的经济学家，但美国的经济政策大体上没有严重错误，靠的不是这些经济学家而是制度。民主的决策制度并不能保证总是产生正确的政策或最优政策，而是可以减少政策的失误，使政策不犯根本性错误，或者有了错误也可以依靠制度得到纠正。

民主决策制度的核心不是多数原则而是权力的相互制衡。在美国的经济决策中有两个相互制衡的决策者：决定货币政策的美联储和决定财政与其他政策的政府和国会。美联储是独立决策的，不受政府和国会的控制，这样它就能对政府和国会的决策起到制衡作用。在 20 世纪 70 年代后期，美国面临高通货膨胀和高失业并存的滞胀。卡特总统和国会认为，应该首先解决经济衰退，采用扩张政策。但以沃尔克为首的美联储认为首先应该实现物价稳定，所以采用紧缩性货币政策。这种货币政策在短期内使经济衰退更严重（失业达到 30 年代以来的最高水平），但是物价迅速下降，并迎来了 80 年代美国经济的繁荣。如果没有美联储的制衡作用，恐怕美国也难以有 80 年代的繁荣。当然，制衡作用也并不总是一方拥护的另一方就反对。更多的时候是双方的结合。但这种制衡作用可以使政策失误减少，并消除重大失误。

就政府与国会而言，也存在制衡关系。财政政策、贸易政策或最低工资法政策由总统代表政府提出，由国会讨论通过后，由总统签署并实施。这种程序使政策制定的时间要长一些，但减少了政策失误。总统作为政府的代表是从整体经济的角度来考虑政策的。国会议员则是不同利益集团的代表。他们各自从自己所代表的利益集团出发来考虑政策。任何一项政策都会有利于一些利益集团而不利于另一些利益集团。在国会讨论一项政策时，也是各个利益集团相互争论，相互妥协，并最终达成一致的过程。当国会最后以多数原则通过一项政策时，表明这项政策代表多数利益集团的利益。这种政策往往是一种各个利益集团相互妥协的结果，形成了各个利益集团的平衡。这种平衡对整个社会的稳定是重要的。在国会讨论中，还有一个重要力量是院外游说集团，他们代表各自利益集团的利益向议院申诉或施压，对于实现最后各利益集团的平衡也是有帮助的。最后总统的签署则是对国会讨论结果的审批，因为当总统从整个社会角度认为国会的结果有问题时，仍有否决权。

在外人看来，这种民主就是议员无休止的争吵，甚至大打出手。其实这正是民主的决策过程，争吵是各自为自己的利益集团争取利益，动了感情大打出手也不足为奇。正是有了这个争吵过程，才有政策的失误减少。如果国会总是一致通过，大家和气一团，那就难免错误了。而且只有在极端的独裁之下才会有一致通过——伊拉克的萨达姆是以百分之百的票当选的，这有一点民主的影子吗？只要看看伊拉克人民所受的苦难，就知道这种一致同意是什么了。

专家治国在本质上仍是人治的思想。在计划经济下，一国经济的好坏完全取决于中央计划者的能力。计划经济的基本特点是人治。当我们看到那些不懂经济计划者有计划地浪费资源，做出种种违背经济规律的事情时，往往不是把这些错误归之于制度，而是归之于人。由此就产生了一种善良的愿望：如果是专家来制定政策就不会有这些错误。专家治国的思想之所以在计划经济下的苏联、东欧等国特别盛行正在于此。计划经济是独裁制度在经济中的形式。任何独裁制度都是一个人说了算。无论这个人是多伟大的专家，作为一个人他也会犯错误。何况世界上本来也没有上帝一般全知全能的专家。

市场经济的优点就在于千百万个人和企业分散独立地做出决策。他们之中有些人会做出错误决策，但就整体而言不会犯重大、系统的错误。在这种经济中，涉及整体经济的政策是由民主制度决定的。任何专家都只是这个决策集体中的一个螺丝钉。既然是制度保证决策的正确性，专家就不能治国了。经济学家总爱讲"经邦济世"，似乎当了经济学家就可以为民造福。我总觉得这有点王婆卖瓜的意思，或者说是为自己做广告。在市场经济的决策中，经济学家的作用是有限的，经济学家不能治国。从这种意义上说，曼昆即使不能胜任经济顾问委员会主席一职，或者他很好地履行了自己的职责，都不会对美国经济有多大影响。

我们的市场经济发展到今天是，打破经济学家治国迷信的时候了。

我们说经济学家不能治国并不是否认他们在制定正确经济政策中的积极作用。经济学家并不仅仅是玩经济学这种智力游戏的，他们受到政府与公众重视，能活跃于政坛之上，说明他们还是有一定作用的。

了解经济学家能在制定政策中起什么作用，首先要界定什么是经济学家。《兰登韦氏大学英语辞典》给经济学家下的定义是"经济科学中的专家"。这里所说的"经济科学"是指经济理论研究，即把经济学作为一门科学来研究。"专家"指有一定造诣的人。所以经济学家严格说来是以研究经济科学为生并有一定造诣的人。按这个定义，以下几种人不能称为经济学家：第一，从事经济管理工作的官员；第二，从事企业经营的企业家与管理人员；第三，在媒体上谈点对经济问题的看法，但并不系研究经济学的人；第四，涉及经济学，但不以经济学为专业的其他专家，如政治学家或社会学家。如果从事经济学专业（如教员），但没什么造诣，只能称为经济学工作者（Economist 的另一种译法）。只有从事经济学研究又有一定造诣才是真正意义上的经济学家。按这个定义并不等于有经济学博士学位就是经济学家（例如得到博士学位去当官或管理企业），经济学家应该受过系统的专业教育，又要从事经济学研究。这些人主要是高校教授和研究机构的研究员。

我之所以要不厌其烦地给经济学家做这样一种限制就是因为现在是一

个"泛经济学家"时代。只要有官位就是经济学家、博导，只要能在媒体上侃一通也是经济学家，甚至还要加"著名"二字。我想说的经济学家在政策制定中的作用是指严格意义上的经济学家。

这种经济学家的作用首先是研究经济理论，推动经济学的进展。经济理论本身并不是政策，但它是制定政策的基础，可以指导政策制定。20世纪60年代，美国经济学家芒德尔从理论上研究了开放经济中，浮动汇率和固定汇率下货币政策和财政政策对宏观经济的不同影响。结论是，浮动汇率下货币政策的作用大于财政政策，固定汇率下相反。90年代美国采用紧缩的财政政策和宽松的货币政策实现了财政收支平衡和经济持续增长，正是根据了这种理论。任何一种政策总有理论指导，不是正确的理论就是错误的理论。所以，经济学家提出并不断发展正确的理论是重要的。

其次，经济学家要用经济理论教育其他人。一个官员，一个企业家，或者一个公民，并不需要成为经济学家，但如果他们要做出正确的决策，一定要了解经济学。传授与普及经济学是经济学家的职责，他们讲课和写文章正是要完成这种职能。经济学家的这种工作提高了全社会的经济学水平，也为做出正确决策起到了应有的作用。

最后，经济学家可以提出政策建议，也可以批评政策。他们的政策建议也许不完全切合实际，但无疑可以作为政策的基础，或若干种选择之一。他们的批评也难免书生气十足，或把复杂问题简单化了，但对改善政策不无好处。在我看来，这种批评比建议还重要。经济政策只有允许批评，才会不犯重大错误。对于一种政策，经济学家应该有不同的声音，有赞扬，有批评，这才有利于民主决策。这里用得上邓小平同志的一句话：最可怕的是鸦雀无声。

当然，也会有少数经济学家直接参与政策制定。如果他们既有深厚的理论功底，又有对现实的透彻了解，同时具备政治家的素质，他们就可以在制定政策中起到更大作用。但这种作用并不是专家治国，而是在民主决策中发挥专家特有的作用。例如，凯恩斯、格林斯潘，以及在美国总统经济顾问委员会任过职的伯恩斯、海勒、托宾、费尔德斯坦、萨默斯等。他们的成功不仅在于有良好的经济学修养，而且也在于他们完成了从经济学家到政策制定者或顾问的角色转变。如果曼昆能完成这种转变，他也就能成功。

市场经济成功的希望并不在经济学家身上。但如果我们有一批严谨治学的经济学家，有一批懂现代经济理论又了解中国国情的经济学家，甚至有少数具有政治家素养的经济学家，我们的市场经济就会进步更快，弯路走得更少。

图书在版编目（CIP）数据

读懂世界的第一本经济学书/梁小民著.—北京：北京联合出版公司，2014.3（2019.3重印）

ISBN 978-7-5502-2573-2

Ⅰ．①读… Ⅱ．①梁… Ⅲ．①经济学－通俗读物 Ⅳ．①F0-49

中国版本图书馆CIP数据核字(2014)第003436号

读懂世界的第一本经济学书

出版统筹：新华先锋

责任编辑：王　巍

封面设计：王　鑫

版式设计：李　萌

责任校对：宋亚荟

北京联合出版公司出版

（北京市西城区德外大街83号楼9层　100088）

三河市祥达印刷包装有限公司印刷　新华书店经销

字数213千字　787毫米×1092毫米　1/16　15印张

2019年3月第2版　2019年3月第2次印刷

ISBN 978-7-5502-2573-2

定价：59.00元